今まで誰も説《と》かなかった

大学入試
合格の秘訣！

受験生と保護者のために

みすず学苑 学苑長
半田晴久

今まで誰も説かなかった大学入試合格の秘訣！

はじめに

本書は、二〇〇三年二月二十七日から二〇〇五年二月二十四日までの二年間、産経新聞（東日本版）で毎週木曜日に連載していた原稿を、一冊にまとめたものです。

ここに書かれた内容は、私が「みすず学苑」という予備校を創立して以来、二十八年間に得た大学受験に関する実戦的、かつ具体的なノウハウを集約したものです。紙上では文字数の制約などもあり、残念ながら十分に書ききれなかった部分もあります。しかし、それでもこれから受験をめざす方や、受験生をもつ親御さんにとっては、悩みや行き詰まりを解決する、何らかの方法や糸口を見出せるはずです。

また、内容は大学受験のみに絞りたかったのですが、産経新聞の意向もあり、保護者のために中学教育、小学教育、文部科学省などにも筆が及びました。しかし、これも受験を考える上では必要なことであり、広い意味で大学受験にも関係するはずです。

この一書が、受験を真剣に考える方の一助となれば、これに勝る喜びはありません。

二〇〇五年三月吉日

半田　晴久

目次

成功する受験生と保護者へのアドバイス

受験地獄

孤独に打ち勝つ勇気と自信を

弊害を指摘する声も聞かれますが、世の中はいまだに学歴偏重社会。出身大学によって、人生が左右されるとの思い込みを持っている人もいます。だから、有名大学に受験生が殺到するわけです。

競争に勝ち抜くために、多くの家庭で兄弟姉妹までが受験生に協力する臨戦態勢が敷かれます。それが時として不幸をもたらすことになります。家族の期待に重圧を感じてドロップアウト、非行に走ったり、自ら尊い命を落とすなど、「受験地獄」という言葉がマスコミをにぎわすことにもなりました。

本当に受験は、ネガティブなものでしょうか。

私は天台宗や禅の研究をはじめ海外での企業経営や文化活動、さらには能、オペラ、美術などの芸術活動を幅広くしていますが、原点は大学受験予備校の校長です。若者の教育活動から始まったのです。二十八年前、大学を出て間もない私は、日本人の生き方として、国家神道ではない素朴な神道や禅の精神が、困難を明るく乗り越え、宗教教義にとらわれることなく、自由闊達《かったつ》で伸びやかなる哲学であることを知りました。

この哲学に基づき、ビジネス化された予備校界に、良心的で真心がこもり、明るさと元気が出る古き学舎《まなびや》精神の「みすず学苑」を設立したのです。無論、一切の宗教活動などはありません。あれば、三十年近くも存続するはずがありません。

私も受験では、本当に苦労しましたので、受験生の気持ちが痛いように解るのです。

数え切れないほどの受験生と接しながら、教育や受験のあり方について、思いをめぐらしました。その結果、「受験地獄」という言葉は、虚妄《きょもう》の産物と考えるようになった。

教え子にも過酷な受験競争に疲れ果てる子はいました。でも、多くは、受験を自らの可能性を生かす好機ととらえ、果敢に競争に挑んでいました。私をはじめスタッフはそのように励まし、生徒も応えてくれました。

難関校に続々と合格し、生徒や私たちの喜びは無上のものとなったのです。卒業後も訪ねて来る多くの生徒は、今も「あの受験を通して自分は生まれ変わった。孤独に打ち勝つ勇気や自信が持てるようになった。目標を持つことや努力の大切さを知った」といいます。このことは、教え子に共通するものでした。

私はそれこそが、本来のあり方だと思うのです。

高い目標に向かう〝苦〟は挑戦の醍醐味

先ほど、受験地獄はあるのか、と書きました。

受験を地獄の責め苦のように感じるのは、周囲の環境のどこかに問題があり、受験生が明るく積極的に受験を受け止められないことによるものです。それと、問題を針小棒大に報道するマスコミの影響も見逃せないでしょう。

そのことは、外国と比較すればよくわかります。

ヨーロッパ各国では、日本のような受験競争はあまり存在しません。そのことは、社会構造ががっちりと固定されていることを物語っています。

イギリスでもフランスでも、厳然とした門閥制度が存在し、有名校への進学者はひと握りの名家の子供に限られています。名家でない人が努力を重ねてオックスフォードやケンブリッジを卒業したところで、東大や京大を卒業した日本のケースとは異なり、「社会に出てから大きなハンディがある」といわれています。

日本は伝統的に、中国の科挙制度（隋・唐時代の官吏登用試験）に似た慣行が存続していて、家柄にかかわらず、一流大学を卒業すればすべての人にチャンスが与えられます。これは、きわめて民主的で開かれた社会であるといえるようです。

このことは、友人のイギリス人が指摘したことです。

この恵まれた慣習を、積極的に活用しない手はありません。子供たちは、自分の可能性を大いに生かすために、敢然と受験にトライすべきでしょう。

要は考え方しだい。常に目標を持って前向きに取り組めば、「受験地獄」という言葉は、人間の心の中にあって、現実に存在しないことが理解できるはずです。もし競争社会や過当競争が地獄なら、門閥政治を廃し、有能な人材を登用するために、万人に開かれた科挙制度は、七世紀から二十世紀初頭まで、千三百年以上も地獄をつくり続けたことになります。

もっと端的にいえば、志望校の目標を下げれば受験は楽だし、目標が高ければ、それだけ苦しいのは当然です。しかし、この苦しみを越えたときに約束される可能性は、他人がうらやむほどのものなのです。だから、受験生に言いたい。

「高い目標をもって積極的に挑むときの苦は、決して地獄ではなく、生きがいとやりがいに燃える、チャレンジの醍醐味なのだと…」

よい環境を整えてやることが親の務め

「受験」は大学、高校の入試を示す言葉でした。しかし、今では状況が変わっています。

六年制の中・高一貫教育を実施している名門私立校では、中学校や高校の段階で、受験生が殺到しているのが現実です。最近では、さらに受験年齢が下がって「お受験」と呼ばれる幼稚園受験が関心事になっています。

なぜ親たちは厳しい競争を知りつつも、子供を名門校に向かわせるのでしょうか。

そこには親の虚栄心もあれば、エスカレーター式の学校で、子供に一回分の受験負担を軽くしてやりたい、と願う親心も働いているに違いありません。いえることは、動機は別として、名門校に向かわせる親たちの選択は、決して間違ってはいないということです。

教育ジャーナリストの中には、全く逆のことをいう人もいますが、孟母三遷(孟子の母は、孟子を良い学校に入れたい、と住居を三回変えた)の例えがあるように、親の務めとは、子供のために良い環境を整えてやること。つまり、子供によい受験校を選択してあげることだと思います。

子供は一般的に、高校一年の終わりぐらいから、親の言うことを聞かなくなるものです。自我意識を持つ年代になるからです。逆の言い方をすれば、それまでは、親の意見や励ましに従いますので、特に受験では「高校受験までは放任せず、親も積極的に干渉すべきだ」というのが私の考えです。

もっと極論すると、受験の低年齢化が進む中で、幼児期のしつけ、教育が重要になってきます。三歳までに「わがままは通らない」という厳しいしつけ教育を受けた子供は、概して素直です。親や先生の言うことを素直に聞いて、真面目に勉強するので、私の知る限りでは、名門校にすんなり合格しています。

ですから、幼児期に「しつけ」のタイミングを外し、わがままに育った子供を「勉強しなさい」と、口を酸っぱくして言っても、聞く耳を持たないはずです。親が名門私立を受験させても結果は、受験を放棄するか失敗している場合が多いはずです。このようなケースが、周囲から見ていても痛々しく感じられます。

義務教育の段階では、このような状態を察したときは無理に受験を強いず、本人が「ぜひ受験をしたい」と思う、高校や大学受験の時まで待つべきです。

受験校選択

優れた先生、先輩に恵まれて成長する

「受験勉強をはじめる時期は、いつが一番よいのか」。このような質問をよく受けます。

個人差もあって難しいが発達心理学では、小学校三、四年生になると、抽象概念が芽生えます。学校ではこの時期に、分数や割り算を習うことになっています。この〝時期〟に子供の学習意欲を左右しかねない、ちょっとした問題があるのです。同じ学年でも、早生まれは「年齢（最大一歳違い）による差」が出る場合があるのです。そのことが、分数と割り算を習う時期と重なり算数嫌いになる児童がかなり多いのです。受験に限らず、この時期から親がしっかり勉強を見てあげる必要があります。仕事の関係などで無理な場合は、塾や家庭教師、兄姉に託して指導し、算数嫌いにさせないことが肝心です。

中学生では英語です。一年の後期から急に英文法が難しくなるので、同じように多数の生徒が英語嫌いになる時期なので要注意です。勉強の状況をしっかり把握して、英語嫌いにさせないことです。算数と英語が嫌いでなければ、高校受験、大学受験における成功の可能性は、大きく広がるものです。

ところで、名門と呼ばれる学校は、大半が、私がいう「よい学校」の条件を満たしています。では、よい学校の条件とは何なのでしょうか。

これは微妙な問題で、さまざまな答えが返ってくることでしょう。しかし、私の答えは決まっています。

それには優れた先生、優れた先輩、優れた同級生がそろっている学校です。先生に恵まれると、子供たちは自然とやる気になり、自発的に勉強に向かっていきます。そして、優れた先輩や友達と互いに切磋琢磨《せっさたくま》することで、どんどん高いレベルで成長していくのです。名門と呼ばれる学校には、そうした条件がそろっているのです。

もし、孟子の母親が生きていれば、きっとこういう学校に入学させたはず、と思います。

といって、公立校が劣るとか、進学がすべてとか言ってるのではありません。本人の意思や親の経済的な理由で、理想通りにはいかないケースだってあります。公立校に進学した子供や、高校や大学にも行けなかった子供が、社会に出てバリバリ活躍し、大成功を収めているケースもたくさんあるのですから。

教師の能力をシビアに問う必要

よい学校と評価される名門校の条件は、「よい先生、よい先輩がそろっていること」と書きましたが、といって、必ずしも名門校で教鞭をとっている先生たちが、最初から優れた先生だったわけではありません。

例え、新人のころ〝箸にも棒にもかからない〟と、言われた先生だったとしても、優れた先生たちのなかで研鑽を積み重ねていくなかで、成長を遂げていくものです。これが伝統というものの尊さです。その意味では、児童・生徒と同様に先生にとっても、教育環境は非常に重要な意味を持っている、といえます。

一方、公立の中学、高校の場合は、残念ながら、粒ぞろいというわけにはいきません。もちろん公立校にも、情熱と実力を兼ね備えた優れた先生はたくさんおられます。

公立学校の場合は、私学や塾、予備校のように、教師の能力をシビアに問うことは、任命権を持つ教育委員会がやっておりません。ですから結果的に、先生はサラリーマン化というよりも、お役人風になりがちです。

そうした環境の中で、子供たちに学ぶことの楽しさ、面白さを伝える自らの職務について、真剣に研鑽を重ねる努力を忘れてしまう傾向があるのです。その結果、やる気のある先生は、己の力を持て余してしまっているのが、今の公立学校の現実ではないでしょうか。

一般社会でも、競争のないぬるま湯に浸っているような組織は、徐々に体質が弱体化し、お役所仕事化し、最後は淘汰《とうた》されていくものです。また、そこで働く人も、少しずつ覇気を無くして、自ら腐敗して共倒れ状態になるものです。学校にも同じことが当てはまるのです。

私は、公立校で校内暴力をはじめとするさまざまな問題が噴出しているのも、根っこの部分では、こうした構造的な問題が介在しているのではないかと思っています。

近年、文部科学省は、都道府県と政令指定都市の教育委員会五十九のうち、十七教委が指導力不足の教員を判定する判定委員会を設けたことを公表しました。私も、公立校の復権をめざすためにも、すべての教委が設置・実行することを切に望む一人です。

ともあれ、いい学校を見つけるには、いい先生がそろっている学校を探すことに尽きます。そして、いい先輩、同級生に恵まれることです。

先生のやる気をも伸ばす環境　備えているか

なぜ公立学校は受験に不向きなのか。

最近の公立学校、特に高校における学力の低下は、はっきりとした傾向として現れています。それを裏付けているのが大学受験における合格者数。実際に、有名大学の合格者内訳でも私学の生徒が多くを占めており、名門校だった公立校は凋落《ちょうらく》の一途をたどっています。

公立校の地盤沈下は、受験に限らず、質にも現れており、校内暴力などさまざまな問題が噴出しています。最近では、小中学校で学級崩壊が起こっているありさまです。

それにしてもなぜ、そこまで公立学校の機能が低下してしまったのでしょうか。背景には、いろんな要素が絡んでいるのでしょうが…。

「受験だけが高校生活ではない、クラブ活動や人間として自由に考えたり、行動する高校生活があっていい」。このようなポリシーの学校もあります。

しかし、このような学校に限って、「しっかり受験勉強をして、目標の志望校に合格したい」と思っている生徒に対して、学校側が必死で受験指導をしてくれるケースは、ほとんどありません。受験志向の生徒にとっては、何も応えてくれない自由放任の公立高校も多いのです。

なぜなら、受験指導というのは、手間、暇、エネルギーを要し、神経を使うものなのです。

繰り返しになりますが、私は公立高校の機能低下の原因は、先生たちのサラリーマン化、もっと言えば、お役所仕事化に大きな原因があると考えています。

その意味で、このほど文部科学省が、公立学校の先生を対象に能力別給与の査定を打ち出したことは、本当によかったと思います。

さらには、指導力のない先生の再教育や、民間人の校長先生化、そして、東京都の打ち出した都立高の自由競争化も、公立学校を活性化させるいい刺激になることでしょう。

生徒のために、自主的に熱心にやってきた先生にとって、これらはどれほど大きな励みになることでしょうか。先生とて人間。励めば優れた先生になれるし、怠ればマンネリ・サラリーマンのようにもなるのです。

よい学校とは、子供の能力や才能を伸ばすだけではなく、先生のやる気や、教育者としての才能をも伸ばす環境を備えた学校――と定義してもよいのではないか、と思うのです。

理想の先生

愛情と情熱だけでは育てられない

先ほどは、公立学校の問題点を指摘しました。ではよい先生とは、どのような先生を指しているのでしょうか。私は、自分が生徒として教わった体験、予備校の学苑長としての経験から、先生を大きくAからDまで四つのクラスに区分しています。

Aクラスは、「教える技術」と教育についての理念や情熱を併せ持つ最上級の先生です。残念ながら、こうした素晴らしい先生はなかなか見当たりません。ちなみに私がいう「教える技術」とは、子供たちに、授業内容を理解させるだけでなく、勉強そのものに興味を抱かせる技術という意味も含みます。

Bクラスの先生は、教える技術は素晴らしいが、生徒に対する愛情や情熱という面で、もの足りなさを感じるクールな職人タイプ。

Ｃクラスは教える技術は今ひとつだが、愛情とやる気だけは誰にも負けないという先生です。テレビドラマの学園ものに登場する熱血タイプの先生を想像すればいいでしょう。

Ｄクラスは、教える技術も情熱も持ち合わせていない先生たちです。

私は、子供に必要な先生はＢクラスまで、と思っています。率直に言わせてもらえば、ＣとＤに属する人は、教師としては失格だと考えているのです。こういうと、愛情と情熱にあふれた、Ｃクラスの先生がなぜ失格なのか。教える技術よりも、教育に対する情熱や愛情の方が大切なのではないか、と反発を感じる人もいるかもしれません。

もちろん、私も愛情と情熱を持って物事に取り組むことの大切さは、十分に理解しています。それでもあえて「愛情と情熱だけでは子供は育てられない」といいたいのです。教師の本分は、分かりやすく勉強を教え、そのことを通して、子供たちの学力、物を見る目や心を見開かせることです。いくら愛情と情熱があっても、教える技術がなければ、その本分は全うされません。

つけ加えれば、そうした先生の愛情や情熱が本物ならば、子供たちをその学科に興味を持たせ、自分でひとり歩きして勉強するように仕向けるべく、教え方を工夫、研究すべきです。まずは難解なものでも理解しやすく、そして、その学科が好きになるように、教え方を磨くのが本筋です。技術が伴っていないのは、本分を忘れた怠慢教師である、としか言いようがありません。

「教える技術」持たぬ教師は淘汰される

理想の教師像は——。どういう条件がよい先生なのか。

子供にとって、理想の先生は、子供たちとは適切な距離を置きながら、冷静に、上手に教え導く先生だと思います。指導が上手な先生でないと、学科の好き嫌いや学科の成績の善しあしで、子供の将来の進路を決める重要な要素になるからです。

私は先生をA—Dタイプに分類しています。学生時代の経験からも、「いい先生だった」と思い出すのは、教える技術に優れたAとBタイプの先生ばかりです。熱血型のCタイプの先生は、教わっていたときは共感していたのに、それほど印象には残っていません。

子供にとって、教わったことが、後々生きてくることがよくあります。子供にとっての財産ともいうべき知識やものの考え方を分かりやすく教えてくれる人こそが、本当に素晴らしい先生だと私は考えているのです。

そこで私はよい先生は、最低限の許容範囲として「教える技術」を持っていることを指摘しています。ところが今の公立学校には、その最低限の条件を満たしている先生が、さほど多くは見当たらないのです。

一方、私立学校や塾、予備校には、素晴らしい技術を持った先生が顔をそろえています。この違いはどういうことなのでしょうか。

理由は簡単です。公立学校と違って私学や塾、予備校には先生同士の切磋琢磨があるからです。もっと分かりやすくいえば、先生同士が淘汰《とうた》を賭けた激しい競争を繰り広げているのです。

例えば、教え方があまり上手でない先生がいたとしましょう。私学では、父母から手厳しい苦情が寄せられますし、塾や予備校の場合には、その先生の授業に生徒が集まらなくなります。

つまり私学や塾、予備校では、教える技術を持たない先生は淘汰が待ち受けているのです。それがよくわかっているので、必死に自らの能力に磨きをかけているのです。子供たちは、そうして培われた「教える技術」に感銘を受け、また興味を持ち、知らず知らずに本気になって、勉強に取り組むようになるのです。

その点、公立学校では、教える技術を磨く校風や、努力に報いるシステムに欠けるなど、能力のある先生が育ちにくい環境にもあるのです。

学力別、少人数のクラス編成が理想的

予備校や塾を含めた私学の先生に比べ、公立学校の先生はぬるま湯につかっている。極端にいえば、安定した身分に胡座《あぐら》をかいているに等しく、教える技術を

磨く職業意識は希薄になりがち――そう指摘しました。

公私校を対比した場合の一般論としての話で、公立のすべてがそうなのではありません。なかには、校長をはじめ教師が一丸となって受験を応援し、抜群の進学成果をあげている公立校があります。

また、公立校は一学級三十人から四十人の児童・生徒を対象に、一斉授業を進めなければならないのも事実です。

そのために、指導の照準を学力が「中ぐらい」の子供に合わせて、授業が進められ、結果として上位と下位の子供は置き去りにせざるを得ない実態も否めません。結果、どうしても授業の密度は中途半端になりがちです。

そのジレンマに文部科学省や全国の教育委員会が、ここに来て、公立学校復権をめざして次々と改革に取り組んでいるのです。成果のほどは未知数ですが、改革案の中でも「学力別クラス編成」は大変有効な解決方法になる、といえます。

私の予備校では二十八年前からやっていますが、学力別クラス編成プラス少人数クラスなら、効果がさらに上がります。

しかし、「少人数クラス」の定義は難しい。一クラス何人以下を少人数制と呼ぶのでしょうか。私の経験から言えば、二十五人以下、できれば二十人未満が理想です。でも、公立とくに高校では、そう簡単にはいかないかもしれません。

少人数クラスにすることの利点は、子供たちの理解度にバラツキがなくなるだけでなく、先生が個別の進行度合いも把握できるようになるのです。何よりも、子供たちの授業に対する集中力が高まり、学習意欲も増す効果があります。

私の予備校が導入した学力別クラス編成プラス少人数クラスは、教える先生にとっても、教えがいがあることです。すなわち、子供たちの集中力や意欲が、先生の方にもはね返り、教える技術を磨く意欲をかき立てるところがいいのです。

公立高校でもこのシステムが採用されれば、教師が教える技術を磨くことに生き甲斐と喜びを感じるようになり、公立校全体の教育レベルを押し上げる力になるのです。

家庭の教育

家庭内暴力は長年の甘やかしのツケ

先生の資質の問題を提起してきましたが、学校だけに教育の問題があるわけではありません。学級崩壊などの問題は、しつけなど家庭環境にもその一端があるのです。

家庭内暴力は、引きこもりなどの〝問題児〟が起こす。そう思っている人が少なくないでしょう。だが、現実は、ごく普通の子供が些細《ささい》なことで親に手を上げるケースが、最近は特に増えているのです。

実は私のもとにも時々、目の周りに青あざをつくった母親が訪れ、「子供に暴行を受けました」と訴えてくることがあります。

「あのおとなしい女生徒が、ここまでやるのだから余程のことに違いない」。そう思って詳しい話を聞くと、事情はまったく違っていて母親は、「もう少し勉強してはどうか、とちょっと注意しただけで暴力を振るわれた」というのです。受験を控えた子供に、「もう少し勉強しなさい」と注意するのは、母親として当然のこと。その当たり前に、いわば逆切れして暴力に訴える。そういう子供が驚くほど増えているのです。

私の実感では、こうした家庭内暴力はこの六、七年の間に激増しています。実際、被害を嘆く母親らの声もよく聞きます。

ともあれ、今は、子供に押し付けや、プライバシーに関することを尋ねると、思いがけない逆襲に見舞われかねない時代なのです。

手厳しく感じられるかもしれませんが、子供の粗野な振る舞いには、親の自業自得という側面も否めないと、思うのです。

かつて日本全体が貧しかった時代、家々では家族が互いに助け合って生きていました。親たちは、そういう自らの苦労を味わわせたくないと、子供に請われるままに、物を与えてきた。皮肉にも、その甘やかしのツケが出ているのです。

もちろん、「個」が重視されるようになった価値観の変化というか、社会全体の生き方の変化も作用しています。

ほとんどの家庭に、テレビやゲーム機を備えた子供部屋があり、そのなかで、子供は携帯電話で友達とやりとりしながら、毎日を過ごしているのです。そんな家庭環境では、親子のコミュニケーションなど望むべくもありません。そこに長年の甘やかしのツケが重なって、極限にまでエゴが肥大しているのが今の高校生なのです。

子供との"新しい接し方"を研究する

少し前に流行した言葉でいえば、高校生をはじめ今の子供は、"ジコチュー"(自己中心主義)の塊のようなもの。そんな子供たちが、自分たちを甘やかし続けてきた母親の小言に、耳を傾けるはずがないでしょう。

しかし、生活態度に現れる現象はそんな高校生も、本当は自分の未来を真剣に考え、親や兄弟、姉妹のこと、また社会や友人のことなども、いろいろと心配したり、深くおもんぱかっていることも多いのです。ただ、コミュニケーションのとり方や言葉などの表現方法が、昔とは少し違っているにすぎません。

例えば、友人との間でなら会話が成立しているかというと、これも心もとない限りというのが正直なところで、予備校で受験生たちのやりとりを聞いていると、互いに歯車の合わない話を繰り返していることが少なくありません。それでも、当人たちは「いい付き合いをしている」と思っているのです。

それほど今の子供たちには、コミュニケーションの能力がフォーマルではなく、メール言葉やコミックのセリフのように、感覚的な抽象言葉が多いのです。その上、忍耐力や自己決定能力が希薄になっていることも否めません。

親から見て、そんなやっかいな子供たちと接していくうえで、何より肝心なのは焦らないことでしょう。「よく言うことを聞いてくれた」と、引き合いに出すお兄ちゃん、お姉ちゃんの時とは全く違う、新しい接し方の研究をすべきです。

私たちの予備校でも、単語テストができなかった生徒に、「あまりできなかったね」と、講師がごく普通に言っただけで、生徒と講師が殴り合いのケンカになったこともあります。そんな場合は、必ず「今回はあまりできなかったけど、次回は頑張ろう。きっとできるよ」と対応しなければならない時代になっているのです。

宿題はやっていただくもの、勉強はしてくださるもの。テレビを見る見ないは、干渉してはならないもの――。

それぐらいに思って、丁寧に前向きに励ましていると、子供たちの方から心を開き、なんでも相談してくるようになります。子供にやる気を起こさせるコツは、焦らず、じっくり耐えて、新しい接し方を研究すること。それが、子供に対する本当の愛情ではないかと思うのです。

親はまず、わが身を見つめ直すこと

子供にやる気を起こさせるには、一人の人間と認めたうえで焦らないことが一番です。じっくりと、その子に合った接し方を研究し、常に明るく前向きに励ますことが肝心なのです。

しかし、それだけでは十分とはいえません。言葉を尽くしても、そこに説得力がなければ、子供が親の言葉に耳を傾けることはないでしょう。ここでいう説得力とは、日常における母親の生活態度のことです。

母親にすれば、腹立たしいほど子供が親に対して無関心と見えるかもしれません。だが、子供たちは冷静に両親を観察しています。特に、母親に対しては、その言葉と実際の行動を重ね合わせているのです。

私のところに相談にくる母親にも、「勉強をせずにテレビばかり見ています。いったい誰に似たのでしょうか」と嘆く人が、少なくありません。私はその言葉を耳にするたびに苦笑し、のど元まで出かかった言葉を飲み込んでいます。「〝灯台下暗し〟。お子さんはあなたにそっくり…」と。

実態は、そういう母親に限って、テレビばかりを見ている生活。新聞で見た統計でも、テレビを見る平均時間は母親の方が、子供より圧倒的に多いのです。

時代とともに親子の関係は変質を続けていますが、子供が両親の背中を見て育っていることに変わりはありません。かつて、親たちは、生活の糧を求めるのに手いっぱいで、子供の教育を考える余裕もない時代がありましたが、そんな時でも、子供は両親の期待に応えようと、勉強に精を出していたものです。

それは、時代に関係なく、今も同じです。両親が毎日を懸命に生きている家庭の子供は、おおむね親との関係も良好で、大人の言葉にも素直に耳を傾けます。ただし、両親は仲良く、コミュニケーションが豊かで、両親自身が子供時代に、たっぷりと両親の愛情を感じていた、という大前提はありますが…。

ところで、多少きつい言い方になるが、経済的に余裕がでると、母親の生活態度も、怠惰に流れていく傾向があることも否めないようです。そんな家庭環境では、差こそはあれ、子供にも怠け癖がついているものです。

まさに〝子は親の鏡〟。子供のやる気を喚起したいのなら、まずはわが身をとくと見つめ直してみることです。

教育の実像

基礎学力は詰め込み主義でコツコツと

学校教育の問題点として、詰め込み主義（暗記教育）の是非が指摘されます。「詰め込み主義だから考える力が養われないのだ。暗記教育を前提に出題するから入学後に学力が伸びないんだ」というのが批判する人たちのいい分です。

私は、この批判には納得できません。理由は二点あります。第一に基礎学力をつけるには、徹底した詰め込み（暗記）が不可欠であること。入試は、高いレベルの思考力、分析力、論述力、読解力が試され、暗記力だけでは合格できない──の現実があるからです。

基礎学力で説明すると、例えば英語。単語や熟語を暗記せずに、実力を伸ばせるのかどうか。考えてみれば語学はすべて詰め込みであって、単語や熟語、センテンスを暗記せずに読み、書き、聞き、話せる語学をモノにできるわけがありません。

英語力を身につけるうえでとくに重要なのがセンテンスの暗記で、スラスラと口から出てくるまで覚えなければ絶対に、英会話も英作文もできません。

日本における英作文は、〝英借文〟なのです。典型的な英文をいくつも暗唱したうえで、必要に応じて主語や述語、修飾語、時制（現在、過去、未来などを示す文法）を変えていく。これが英作文であって、英文を暗唱することで基礎ができ、空欄補充の問題が解けるようになるし、長文読解の重要構文理解もできるようになります。

英語以外にも、日本史・世界史なども暗記型の科目です。歴史の流れをつかむ教育が必要だといいますが、基礎となる部分は暗記で身につけるしかありません。同様に、地理や公民・政経なども基礎となる部分は、暗記の詰め込みです。

応用力が問われる数学や物理にしても、入試に出題される典型問題を反復練習することで、基本的な解き方の定石を暗記するしかないのが実情ですから、本質的には詰め込みといえます。

「幅広い、徹底した詰め込みの基礎があってこその応用や論述なのです。基礎こそ到達点」

私の考え方は、詰め込み主義でコツコツと覚えていくしかないのが基礎学力というものです。

そのかぎりで、暗記重視の詰め込み教育がよくないという批判は、的を射ていないと思うのですが、皆さんはいかがお考えでしょうか。

応用力は基礎学力を固めた上で

「入試問題は、詰め込み教育を前提とした出題ばかり。それが一向に改善されないため、高校や大学に進んでから学力が伸びないんだ」との言われ方をします。この指摘は、私にいわせれば、入試の実情を知らない上滑りの批判論でしかありません。

入試の実情を書くと、東大や一橋大の世界史では、受験生の歴史観を問うような問題がよく出題されており、解答するには、世界史の基礎知識に加えて、自分なりの考え方を身につけることが必要不可欠です。さらに、自分の考えを正確に表現する論述力も求められ、暗記力に頼っては合格できません。

スピード＝学力と考えている上智大や国際基督教大（ＩＣＵ）の英語では毎年、大量の英文が出題されます。ここでもたくさんの英文を読みスピーディーに長文を読みこなす速読速解力が求められます。また、神戸大や京大の数学出題では、よく数学のセンスを問う図形問題がでます。高校受験に目を転じれば、灘高や開成、麻布などでは、基礎学力はもちろんのこと、ある程度の思考力がなければ解答できない文章題やパズルのような問題が、数多く出題されています。

つまり、レベルの高い高校や大学では、基礎学力のほかに思考力、分析力、論述力などの応用力がなければ合格は難しいわけです。とくに最近の傾向は、小論文や論述問題を課す学校が急増しているし、英語のヒアリングを必須にする入試も増えています。これまで以上に、暗記勉強だけでは通用しにくくなるのは確実です。これが入試の実情なのです。

では、入試で求められる思考力、分析力、論述力など応用力はどうやったら身につくのかといえば、これはもう基礎力をガッチリと固める以外にありません。その基礎力は、暗記教育で繰り返し反復勉強していくほかに道はないのです。ですから、詰め込み教育を否定されると、語学に限らず生物や歴史の教育もできません。詰め込みを批判する人の気が私には全く理解できません。

理想の教育は、詰め込むべきは徹底的に詰め込み、あわせてフランスのように文科系教育、すなわち倫理、道徳、哲学、宗教、文学、芸術などの情操教育を徹底してやることです。

「ゆとり教育」考え直す必要も

十二年ほど前、たまたま旅行先のエジプトで見た日本の教育を特集したテレビ番組が今も強く印象に残っている。バブルが崩壊したとはいえ、まだ日本経済に力強さが残っていたときで、番組は「日本人がハイテクに強く、日本経済が隆盛を誇っているのは、きっと教育制度が優れているからに違いない。日本の教育をいろいろな角度から分析してみよう…」というのがテーマでした。

なかなか興味深い番組で、とくに印象に残っているのは、ブッシュ大統領（現米大統領の父）が行った教育改革に関する話でした。番組によると大統領は、日本経済発展の原動力を探るべく日米の教育を比較した結果、日本は数学を含めた科学教育に優れていることに気づき、「アメリカの子供たちは遊びすぎだ。このままでは国の将来が危ない。日本の子供を見習ってもっと数学を勉強しろ」と、カリキュラムを見直し、小中学校の数学の授業時間を大幅に増やしたそうです。

番組では、日本の教育をどう思うかと、世界のトップにもインタビューしていました。

驚いたことに、外国人は、総じて日本の教育を大絶賛していたのとは対照的に、日本のトップは全員が自国の教育制度の問題点ばかりを憂えたのです。

番組の中で、この相違に対する感想を求められた三木内閣の文相だった永井道雄さんは、「誰しも、経済が発展し国力があるときは、国の教育がいいからだと考え、国力が衰えてきたら教育が悪いからだというものですよ。日本の経済や国力が落ちてきたら、教育はよくないといいますよ」と英語で答えていた。

確かにそのとおり。だからこそ、国力にあふれていた日本の教育に注目が集まったのです。しかし、日本の教育界では、その当時ですら、知育偏重はよくない、詰め込み教育はダメ、受験地獄は子供の可能性を摘み取るだけ…と、けなしてばかりいたのですから、実におかしな話というほかありません。

その後、日本は国をあげてゆとり教育に取り組んできたわけですが、その結果はいわずと知れた知力の低下。目の敵にされていた塾通いの比率は、それほど増えていません。学力低下をゆとり教育と結びつけるのは、少し安易すぎますが、教育をもう一度、腰を据えて考え直す必要があるのではないでしょうか。

創造性は真の〝和魂漢洋才〟の学問から

ゆとりの教育では、遠山大臣（当時）が教育現場の問題解決のために打ち出す改革案の多くは賛成できます。しかし、文部科学省の「ゆとりのある生活からこそ真の創造性が生まれる」との考え方には、二つの理由で賛成しかねます。

学校教育をどんなに変えても、日本の社会習慣が変革できない限り、真に創造性を発揮する人材が、多く生まれてくるとは思えないこと。もう一点は、創造性は、教育の第一義に置くほど大切なものなのか、という疑問があるからです。

一般に家庭では、「友達と仲良く、協調性をもって、変人扱いされないように」と教育します。その背景に、学校でも、社会でも、チームワークや協調性を尊重し、和を乱す変わり者は、疎外や軽蔑される——という社会環境が存在します。

欧米は、まったく反対で、「人と違うことを考え、違うことをしなさい。友達の考えと君の考えはどこがどう違うのか。自分の意見をはっきりと持ち、それを実行しなさい」と子供を育てます。

学校も社会も、創造的な考え方や異なったキャラクターを面白がり、独自な才能ある者を評価し、尊重します。その素地があって、創造的な人間が輩出されるのです。

「世界の小澤征爾」は、日本では変わり者扱いされてつぶされ、アメリカで才能・個性を愛され大成しました。世界の小澤は、学校のゆとりの教育で真の創造性を発揮した結果、誕生したのでなく、日本で普通のつめこみ教育を受け、家庭の影響と個性を大切にするアメリカ社会が育てた、ともいえます。

また中国の「日本人は一人一人は虫だが、十人集まると龍になる。中国人は一人一人は龍だが、十人集まると虫になる」との評し方は、まさに言い得て妙な例えです。

文科省は、社会の慣習や風土をそのままに、学力を下げてまで、ゆとりのある生活を子供に与えることだけで、小澤征爾のような世界に認められる創造性や個性を、この日本で育てられると思っているのだろうか。

私は、吉田松陰や福沢諭吉の言を待つまでもなく、文系的な真の学問の力なき者が、世界の舞台で、創造性や個性を発揮できるはずがない。そして、自国の文化や国を愛する真の和魂漢洋才の学問こそが、日本人らしい創造性を生み出す、と確信している一人です。

欧米との卒業資格の差　背景に企業文化

日本の大学も「欧米に見習って卒業条件を厳しくすべきだ」との話をよく耳にします。それはそれで結構なことだと思うが、なにもかもを欧米に見習えばよい、というものでもありません。

前提として、日本の大学制度は悪いのか、ということ。私は、外国の知人・友人が多くいますが、日本の大学制度への批判を聞いたことは一度もありません。むしろ日本人が「九九」を使って、ミスのない暗算や割り算が一瞬にできることに驚嘆する人がほとんどです。

私は「日本は十七世紀初頭に、世界に先駆けて関親子が関和算をはじめ、行列式などを開発した創造性豊かな国ですよ。そして、江戸時代から識字率が世界一高い国ですから…」と自慢し、それを聞いた欧米人は、そんな日本を尊敬しています。

本題の卒業条件ですが、もし全大学が欧米並みに厳しくしたら、就職事情や日本の経済はどうなるのでしょうか。

成績優秀で一流大学を卒業した人は例外として、卒業できなかった人が増えれば、大卒者の就労人口動態などが変わり、社会に及ぼす影響は避けられません。

地場中堅企業から、世界的企業へ大成長を遂げたオムロンや日東電工、村田製作所などを例にしても、学業優秀者だけが企業を支え、発展させてきたのではないのです。また、在学中はそれほど勉学に熱心な学生でなくても、社会人になってから猛然と勉強し、企業の発展に寄与するケースはたくさんあります。

日本と欧米の卒業資格に対する評価の相違には、背景に企業文化の違いがあると思います。

欧米では、いろいろなキャリアや能力を持った人間が、契約で就職し、契約に基づいて、会社を運営するのが基本です。だから、大卒や大学院修了の肩書が、高いレベルのエキスパートであることの証明です。それに対し日本の大卒や大学院修了は、あくまで基礎学力を測る目安。「エキスパートは就職してから育てる」

という日本社会とは、根本的な面で違うのです。

大学院修了でない田中耕一氏が、島津製作所に入社後の研究業績でノーベル賞を受賞したのも、そういう企業文化の背景があるのです。

ですから、この議論には、日本の高い大学進学率や社会的事情をよく勘案すべきだと思います。

「創造性」は、教育の第一義となるのか

いうまでもなく、教育の基礎を成すのは、学校教育。教育指針の根幹である文部科学省の「ゆとりのある生活からこそ真の創造性が生まれる」との見解には、甚だ疑問を感じざるを得ません。理由は、学校の教育の意義について、「創造性」に最も大切な価値観を置いていると受け取れるからです。前にも書いたことですが、看過できない問題なので、説明の補足を含め、あえて取り上げます。

日本人にとっての創造性を言うならば、伝統的に、中国・朝鮮半島や欧米から

渡来した素材を、まず謙虚に学び生活の中に取り入れる。そのうえで、生活に役立つように、便利で使いやすく工夫・加工してきた歴史があり、〞創造性〟には、そういうニュアンスが強かったはずです。

ところが、文科省が教育現場に求めている創造性の定義付けは、「欧米や古代中国における創造性や独自性を取り入れよ」との意向を強く感じます。

確かに米国人は創造的、独創的な発想をする国民性があり、ユニークなプレゼンテーションは得意です。歴史や国策、個人の生き方を見ても、米国人の長所はたくさんありますが、反面、独創的に人生を考えるため、自己中心的な生き方に走り勝ちです。それが過ぎると、誠実に相手のことを考えず、コロコロと約束やポリシーを変え、お互いにとっていい道をじっくり考え、継続して約束やポリシーを貫く姿勢に欠けます。

危惧に過ぎなければよいが、文科省の言い分（見解）を鵜呑みにすれば、教育を通して、日本古来の国民性を変えようとしているのか。それとも、全国民は、欧米人のような〞創造的な生き方〟を行え、と言っているに等しい――との解釈になるのではないだろうか。

日本人の長所は、チームワークや団結力や実直で勤勉に努力して、誠実に学び続ける国民性。経済が少し駄目になったからといって、他国と比較し、追随しても物事の解決にはなりません。

極言すれば、洋の東西を問わず、個々の能力にかかわる創造性は、教育うんぬんの問題ではなく、まして政府（文科省）が介入する筋合いのものではない、と思います。

創造性というのは、教育の第一義になるのかどうか、改めて問いただすべきだ、との考えを強くしております。

受験に備えて

子供の長所を評価する姿勢が重要

もうすぐ夏休み。受験生にとっては正念場を迎える。家庭では、受験の問題に直面し、ナーバスになりがちな子供との対応の難しさを実感するときでもあります。

最近の子供は、概してわがまま、自己中心的でコミュニケーション能力が極端に低い。とりわけ受験を間近に控えた高校生たちにはそうした性向がはっきりと表れてきます。親とて、その対応は難しく、私たちのもとに、その対処法を求める相談が増えるのもこの時期です。

これから約半年間、受験生と家族の関係は、受験生が主役の生活になるだけに、親兄弟の心労は計り知れないものになります。まず、そのことを覚悟したうえで、どう勉強させるかなど、受験生との接し方を工夫してほしい、と思います。

対処法は、前に書いたことですが、結論から書けば、そんな彼らに真っ向から向き合うのは得策ではありません。少々時間はかかるかもしれませんが、子供が主体的に変わり、自ら机に向かうようになるのを待つ方がいい結果が得られます。

といって、ただ待っているだけでは、子供も変わってくれません。変えるには、接し方に工夫も必要です。その際、大切なのは一人前の"大人"として認める態度です。換言すれば、子供の長所をきちんと評価する姿勢こそが何よりも重要だ、と私は考えています。

たとえば、英語テストで、三十点の答案用紙を持ち帰った場合、「こんなひどい成績を」と小言の一つもいいたくなるのが、親の感情。そこをグッと抑えて、答案用紙をつぶさに観察するのです。すると必ず一つや二つは努力の跡が見つかります。最初にそこを評価するのです。

概してわがままいっぱいに育っている最近の高校生は、プライドの高さだけは一人前なので、試験結果だけを非難すると、反発をくらう場合が多い。そのプライドの高さを逆手にとるのも一つの方法です。

私が運営する「みすず学苑」でも、同じ方法を取り入れています。最初のうちは、叱責や説教は一切タブーです。先生と生徒の間に、少しずつ心が通ってきてから、愛情から発する優しい叱責を受け入れる余地ができるのです。模擬テストで基準以下の点数しか取れなかった生徒にも、「今回は惜しかったな。よし次回がんばろう」と、ただただ激励するだけです。

子供との間には適正な距離が必要

受験を控えた高校生と家族、とくに身近にいる母親との関係は、一歩間違えると家庭紛争の火種になる。現実に対処の仕方に頭を悩ましている人は多い。その参考になればと思い、私が運営する「みすず学苑」のやり方をもう少し説明したい。

いまどきの高校生は、プライドの高さだけは一人前。テスト結果をとやかく言うと、反発をくらう場合も多いが、そのプライドを尊重すると、意外にも子供が変わるきっかけとなる。

学苑のやり方は、しかることや説教は後回し。先生と生徒間の心が通い合い、愛情から発する優しい叱責を受け入れる余地ができるまで、根気よく励まし続けていけば、落ちこぼれていた生徒たちの成績も、基本の反復練習を繰り返しているうちに、確実に上向いてきます。そうすると自信が出てくるので、今度は自分の方から積極的にやる気が出てくるのです。

取りつく島のないほどの難しさと同時に、いかにも子供らしい単純さを併せ持っているのが、今の高校生たちです。そこを理解しておけば、受験生との接し方はそれほど難しいものではないはずです。要は上から見下ろそうとせず、物事を子供と同じ目の高さで見ればいいのです。

子供が進路を決めかねているようなら、「お母さんだったらA大学のあの先生に付いて勉強したいから、A大学を第一志望にしたいわ」といった会話が自然に出てくるでしょうし、読ませたい本があれば、「お母さん、この本を読んで感動したの」と、言葉が自然に出てくるはずです。

押し付けがましさがなく、子供と同じ視点からの親として素直な本音ならば、子供はそうそう反発しないものです。

最近は、親と子の関係を必要以上に意識するあまり、子供の反発を受け、結果的に自ら混乱と不安に陥っている母親が多い、と思う。子供と意思の疎通ができずに悩んでいる母親は一度、親子という枠を取り払い、人間同士の関係で会話をしてみることをアドバイスしたい。

対等の立場になるためには、まず、子供との間に適正な距離を置く必要があります。前提になるのは「子離れ」です。その時期は早いに越したことはありませんが、高校生になっても、子離れができていないのは、少し問題といえます。

父親も教育現場に積極参加を

子供は成長に伴い自分の世界を広げ、人間関係の重点も親から友人へと移っていきます。

当然のことながら、両親の影響力も学年が上がるに従って小さくなっていき、高校生ともなるとオーバーかもしれませんが、限りなくゼロに近づいていきます。ある調査によると、高校生の年代が、影響を受けるのは、一に先輩、二に友人。三番目にテレビや雑誌などを通じてのタレントの発言で、その次に、予備校の講師や学校の先生など。まれに何事も親でないと駄目な子もいますが、両親の話に耳を傾けるのは「最後に」が一般的のようです。

だからといって、両親はただ手をこまねいているだけで、よいわけではありません。親子のコミュニケーションが豊かで、高校生になっても、父親の言葉によく耳を傾ける子供もいます。それができている家庭は、受験に対する問題も少ないのです。

ところが、最近の風潮は、都市部に限らず、父親不在の夕食が多く、加えて、各自の部屋でテレビを見ているなど、家庭内のコミュニケーションも薄くなるばかり。子供が父親から教わる社会習慣や常識なども、大きく欠落するケースが目立っているのが現状です。東京都が行った家庭教育のアンケートを見ると、子供の教育に父親が積極的に参加することを求める声が圧倒的に多かったことでも、それを裏づけています。

父親が教育に関心を持つことが、受験だけでなく教育現場にも大変に重要なことなのです。

私の中学（兵庫県西宮市）三年時の恩師は、後に兵庫県芦屋市の教育長を務めた人ですが、私の卒業直後に、隣の芦屋市の中学校教頭に赴任しました。当時最も荒れていた学校でしたが、数年間で見事に学校崩壊を解決されたのです。その決め手の一つが、父親の会（後でわかったことですが全国で二番目）を創設し、教育現場に父親も積極的に参加してもらったこと。後日そういっておられました。このように父親と子供との豊かなコミュニケーションを作る環境にすることで、多くの問題を解決する糸口が見つかると思うのです。

小言や説教をするのではなく、子供の立場を認め、まずは腹を立てずに子供の話を聞いてやる。そこからコミュニケーションも生まれる、と思うのです。

友人や先輩が子供の一生を左右する

子供は環境によっていかようにも変わります。環境が変わることで、怠け癖が染みついていた子供も、前向きに勉強に取り組むようになるものです。かくいう私自身がそうでした。

恥ずかしながら、私の小学校時代の成績は燦然《さんぜん》と輝くものでした。何しろ、通知表は、国語から体育まですべての科目が、五段階評価で〝サンサン〟と三で占められていたのですから。正直、当時の私は勉強が好きではありませんでした。先生に言われたことしかやらなかった。それで良いと思っていたのです。

それが、中学校になって友達が変わり一変したのです。忘れもしません。一年生最初の中間テストの一週間前、中学で友達になったM君とT君が、中間テストの勉強をしようと遊びに来たのです。小学校ではなかった中間試験の勉強方法を全く知らない私に具体的に教えてくれました。「先生が教科書の中で線を引いておきなさいといった部分を、ノートに書き写して覚えるんだよ。それから、教科書の太字で書かれた所も覚えるんだ。先生が黒板に書いたこともだよ」

こうして、三人が机を並べて中間テストの勉強をしたのです。

アラ、不思議。いわれるままに勉強したら、私の成績は小学校時代とは比較にならないほど上がっていました。それをきっかけに、私は前向きに勉強に取り組むようになったのです。

私の体験だけでなく、「近所に勉強の良くできる子供がいて、一緒に遊んでいるうちに勉強をするようになった」という実例は、読者の周囲にも、たくさんあるのではないでしょうか。

このように、環境（よき学校、よき友人関係）がプラスに働くのは、何も勉強の面に限った話ではありません。人間としての成長に欠くことのできない重要な要素になっているのです。成長過程で、とりわけ高校時代は人格の形成期。この時期に巡り合う友人や先輩によって、子供の一生の生き方が大きく左右されます。それほど、学校の選択、つまり受験には大切な意味があるのです。

子供を思うなら口うるさく注意する前に、しっかりとした環境を整えてやること。受験に限った話ではなく、生活環境、教育環境、良い文化に触れる環境を与えることが、重要な親の務めだと思います。

徹底して基礎学力を身につけさせる

受験生は夏休みに入ると、あせりが出てくる。この時期が合否のカギを握るだけに、予備校や塾は夏休み返上の子供たちで熱気に包まれている。

この時期になると、決まって「効果的な受験勉強法を教えて」という声を耳にする。

結論から書くと「受験に限らず、勉強に近道はない」。文部科学省が唱える「ゆとり教育」は、創造性教育に重きが置かれ、地道な基礎学力を軽視している、との疑問をぬぐいきれない。

以前、経済界で大手企業の「これからは知恵（創造性）の時代だ。社員はまず知恵を出せ。知恵を出さない奴は汗を出せ」との社長訓示が、随分もてはやされたことがある。私は、このときの故松下幸之助氏の言葉が脳裏に残っている。

「誰しも、汗水流して働く者より、知恵を出す人間のほうがカッコ良く見えるから、知恵を出すことに励むだろう。そうすると、一生懸命努力する者がバカに見えて、社員は努力しなくなる。そんな会社はつぶれるしかないじゃないか」。さすが、ゼロから大松下帝国を築いた苦労人である。事の本質を見極めた言葉といえる。

「会社」を「日本社会」に当てはめてみると、創造性に教育の第一義を置く国は、倒産するしかない？　やはり学習、勤勉、努力に教育の第一義を置き、勉強熱心で努力家の子供を育てる教育こそが、国家（文科省）の仕事だと思っている。それが欠けていることが、今の教育の一番大きな問題だと思いませんか。

私の持論でもあるが、学校がやらなければならないことは、まず子供に必要な基礎学力を徹底して身につけさせることです。基礎学力とは読み、書き、計算する能力のことであり、それは、松下幸之助氏の言を借りるまでもなく、汗を流して根気良く反復するしかない。子供にとっては、楽しみの少ない、地味で退屈なことなのです。基礎学力を徹底させるには、教育課程の中で、根気や努力、作業などを素直に手と頭を動かして実践することがいかに大切か、を子供に理解させ、習得させることになるのです。これが学校でしかできない最も大切な教育の要諦だと思うのです。

受験は特殊なことではなく、基礎学力が試される場なのです。結果的にも、地道に基礎学力をつけるのが一番の近道になります。

志望校の選択

「浪人時代」にも大きな意味

受験生がいる家族の話題も、どこを第一志望校にするか、の段階にきていると思います。受験競争では、誰もが志望校への合格を果たせるわけではありません。レベルの高い学校は、善戦むなしく、一敗地にまみれる受験生が大多数を占めているのが実情です。

問題は〝すべり止め校〟の考え方です。

失敗した場合の保険という考え方が定着していますが、受験校選択は、子供の将来がかかった重要なものです。親が「高校や大学に進んでくれればよい」という安易な考えで、子供に受験校を強いても、不登校や中途退学などで、子供を挫折に追い込むだけです。予備校でも、そのような実例を多くみています。

親からのプレッシャーを感じる受験生は、すべり止め校をどうするか、その選択もこの時期、心の葛藤になっています。すべり止め校も選ぶべきか、夢一筋に、捲土重来《けんどちょうらい》を期して浪人するか、二者択一を迫られます。

そんな進路の相談を受けたとき、本人がやる気に満ちている場合、私は例外なく、第一志望校一本に賭け、失敗したら浪人を選択するようにアドバイスしています。無論、予備校を運営しているから言うのではありません。受験競争の渦中にある受験生には、理解し難いかもしれませんが、浪人時代を過ごすことは恥ではなく、その後の人生を考えるうえで、かけがえのない大きな意味を持っているからです。

考えてみてください。

大学受験の時期はいわば子供から大人への端境期で、昔の日本では兵役を迎える年代で、当時を振り返れば、肺炎、結核などの罹病《りびょう》、さらには両親との死別など大きな試練が待ち受けていたものでした。この試練に向き合うことで、人生に対する考察を深めて、大人の世界に脱皮していったのです。

現代は若者が、深くものごとを考える機会はほとんど皆無に近い状況です。あえていえば、浪人時代が唯一それに近い存在といえるのではないでしょうか。

受験生はもちろんのこと家族も、浪人など望んでいないのは当たり前です。あえて、この問題を取り上げたのは「入学のみが受験の目的であってはならない。夢や可能性を摘み取らないために、選択肢に浪人も入れてよい」といいたいのです。

ランク下げると努力への気概弱まる

「浪人も選択肢」について、もう少し説明したい、と思います。

受験に保険を掛ける、との考え方は、受験の趣旨から離れています。受験校の選択は、子供がどの道に進むのか、その進路に沿って決めるのが、本来の姿です。すべり止め校を用意しないで、夢を捨てずに浪人選択の道を選んだとしても、浪人落後者ではありません。誰も好んで浪人の道は選びません。本人にすれば、浪人生活は屈辱だけのものでしょう。無事、大学に入学し、勉強に遊びにわが世の春を謳歌している友人たちを横目に、勉強漬けの日々を強いられるのですから…。

だからといって、親が世間体などを考え、すべり止め校選択を無理強いするのは、避けなければなりません。

浪人生活は、苦しく、「どうして自分だけが、こんな苦しい思いをしなくてはならないのか」と、世を嘆きたくもなり、ヤケを起こして、すべてを投げ出したくなることだってあります。そうならないために、この時期、遊びたい気持ちや暑さに耐えて、受験勉強に集中しなければいけないのです。また、〝保険〟を用意すれば、受験勉強もそれに合わせたものになり、結果、二兎を追う者は一兎をも得ず、になりかねません。

この時期に、浪人を勧めるようなことを書くのは不謹慎との批判もあるでしょうが、実は、秋になると、模擬試験などの成績に、本人も親も不安になって志望校を下げる受験生が急増するのです。予備校での実績をみても、胸突き八丁といえる時期に、志望校を下げると、懸命に努力する気概が弱まり、ランクを下げた志望校にも合格できなかった受験生が多いのです。

だから、秋には絶対に志望校を下げたらだめなのです。いや、志望校は最後まで下げてはいけません。不安ならば、入試直前に、いろんなランクの大学も併願受験すればよいだけなのです。その方法が、一番成績が伸びて、自分にとってのベストの受験ができる秘訣です。あえて、浪人を恐れず、志望校にチャレンジするようアドバイスしているのは、そこに私の本心があるのです。

「狭き門より入れ」

志を高く持ち続けるわが子を親は誇りに思い、応援し続けてください。

書物から進路のヒントが見いだせる

夏休みも終盤を迎えると、受験生に、あせりの色も見え始めます。特に、浪人生には、断崖絶壁に立たされたような、実に孤独な気持ちになる時期といえるでしょう。

九月になっても、毎日通学の義務もない代わりに、この豊富な時間の活用の仕方如何で、その後の人生にも大きな違いが生じてきます。最悪のケースとしては、「小人閑居して不善をなす」で、遊びに走り、受験のみならず人生を台無しにすることにもなります。予備校の存在意義は、規則正しい生活と勉強のリズムを調え、勉強できる環境と毎日勉強する動機づけを与えることも一つなのです。

では、浪人生はどのように過ごすべきなのか。

できれば、毎日十時間は勉強に割く。「とても無理だ」と、弱音を吐く前に、時間の割り振りを考えれば、難しいことでも何でもありません。予備校で六時間、家で三時間、通学途中で一時間暗記物をやれば十時間です。

私の予備校では、何回か休憩を挟み、十二時間ぶっ続けで授業をするトレーニングをやっています。最初は誰もが疲れ果てた表情をみせますが、そのうち体が慣れ、涼しい顔で机に向かっています。たとえば、一流大学の医学部を志望している人は、それぐらいやらないと、合格はおぼつきません。

勉強漬けと嘆くが、現役高校生に比べ、それでも時間に余裕があるのです。睡眠時間などを除いた五、六時間をいかに使うか。私は、読書を勧めています。勉強に行き詰まって能力に限界を感じたとき、将来への疑問がわいたときに、書物から学ぶことが多々あるからです。

目の前の志望校選択で悩んだときにも、書物に込められた著者の思想や人生観によって選択幅が広がり、意外な進路を見いだせる場合も少なくありません。

受験の最初の勝負どころは、この時期に志望校を明確に絞り込むことに尽きます。読書を通じてヒントをつかみ、将来の進むべき道が決まれば、迷っている志望校も自ずと絞られるものです。

何よりも書物の面白さを知ることは、黙して独り活字を読み続ければ、机に座り続ける習慣が身につく利点があります。その習慣は、そのまま受験勉強に長い時間集中できる基礎づくりに結びつくでしょう。

受験勉強は自己形成の基盤づくり

蛍雪灯火。時代にかかわらず、受験生が深夜まで入試勉強に励む姿は変わりません。識者や評論家の中には、受験競争に批判の目を向ける人もいます。訳知りに「受験競争が受験生から人間らしさを奪い、将来にも悪影響を及ぼしている」といいますが、本当にそうなのだろうか。

三十年近く進学予備校を運営してきた私からみると、逆に受験は、子供は無論のこと家族にとっても大きなプラス要因として作用しているのが実態だといえます。

受験競争が激烈であるのは事実ですが、それは有名校や、優れた伝統、教育や施設が整っている難関校での話です。中堅校や短大の中には、少子化で定員割れの学校もあり、数年後は、全員合格の時代になるという話があるぐらいなのです。最近では、激烈な受験競争は、ひとにぎりに過ぎず、志望校のランクを下げさえすれば、競争は他人事に過ぎない、といっても間違いではありません。

自由社会では、優れた質を求めれば、激しい競争が演じられるのが実態です。努力と研究によって獲得してこそ、獲得する価値があるのです。

受験もその例外ではあり得ません。

私は学生のころから能を勉強しています。今までに能のシテを三十番以上も演じているので、よくわかるのですが、この世界では、三歳ぐらいから徹底的なスパルタ教育が行われます。歌舞伎や日舞や笙《しょう》、三味線、囃子方《はやしかた》なども同じで、その厳しさたるや受験勉強の比ではありません。

優れた芸を身につけさせなければ、将来プロになったとき、その子が恥をかき、芸人として劣等感を抱き、苦しむことが目に見えているからです。

同じことは受験勉強にも当てはまります。受験生にすれば、勉強に明け暮れる日々は楽なものではありません。だが、この時期に頑張れば頑張るだけ、知能は発達し、大きな実りになるものです。

それは単に志望校への合格を意味しているのではありません。そのプロセスが大切なのです。ちょっと抽象的かもしれませんが、人間の一生は勉強の連続です。受験勉強は、そうした将来の自己形成の基盤づくりです。自らに課したノルマを達成し志望校への合格を果たすことで、何物にも代えがたい達成感が得られます。

読書通じ疑似体験　方向性見いだす

九月、あと百日もすると、入試は本番を迎える。大学受験生にとって、これからが人生を賭けた正念場だ。現役組は、予備校との掛け持ちで授業と受験勉強の両立に追われる人も多いかと思う。背水の陣で臨む浪人組は、これまで以上に厳しく孤独な戦いになる。

これからの受験対策は、予備校などが行う模擬試験を数多くこなすことを勧めたい。緊張感が張り詰めた雰囲気で、受験度胸をつける目的のほかに、異なった模擬試験を受けることで、出題の傾向がつかめる。さらには、自分の苦手科目も自覚できる。なによりも、すべての模擬試験結果を基に受験科目別平均点を出せば、実力に見合ったランクの学校がより鮮明になります。

この時期は、自分の実力を確認し、志望校選択の最終的な見極めをつけなければなりません。志望校が絞れずに、散漫な受験勉強を続けるのは、無駄な科目にもエネルギーを消耗し、効率を悪くするだけ。寸暇を惜しんで勉強しないと、時間が足りないことは、受験生は百も承知です。

ところが、人生に目標を持てない高校生も増えているようです。予備校にも、心配する親が「何とか夢や希望を持つように指導してもらいたい」と、相談に訪れます。

予備校はあくまでも入試を突破できる学力を養うところ。夢や希望を持つ、持てないのは生徒個人の問題ですが、むげに突き放すわけにもいきません。一番の原因は、夢や希望を抱かせる手本やモデルになるものが見いだせないからです。

その場合は、「まず、読書を勧めなさい」と、私は答えます。シュバイツァー博士の伝記に触れ、無医村の医師を目指し、受験勉強に励んだ人も少なくありません。読書を通じて知識や情報を吸収し、疑似感動体験を重ねていけば、志望の方向性も見いだせるし、回り道のようですが、読書は同時に活字の読解力も培い、受験勉強には一石二鳥です。

自らを切磋琢磨する受験勉強は、将来の自己形成の基盤になるとともに、家族にとってもプラスになる側面があります。志望校選択の過程では相談の機会も多く、親子、夫婦間の意思の疎通が図られ今日の社会環境ではある種、家族が精神的に結束できる数少ないチャンスと言っても過言ではないようです。

実力社会でこそ大学への進学は必要

受験、受験と書くと、「なぜ、大学へ行く必要があるのか」という反発の声が必ずでます。確かに、学歴社会の崩壊が進行しています。そんな時代の変化を受けて、「実力社会の到来。もはや学歴無用、無理して大学に行くことはない」というような言説がまことしやかに、もてはやされているのかもしれません。

しかし私は、実力社会だからこそ大学に進学すべきだ、と考えます。

大きな理由の一つは、専門書を読破できる能力が身につくこと。遊びほうけているように見える大学生でも、年二回の定期試験を必ず受け、合格しないと卒業できないはずです。それに合格するためには、万難を排して教科書（学術的専門書）を読まざるを得ません。一生懸命に勉強した結果、難解だった学術的専門書も読破できる能力が身につくようになるのです。このことが、大卒者と高卒者の大きな違いの一つではないでしょうか。

雑学を身につける程度の本を読むのは別にして、独学で高等専門書を読破することは簡単ではありません。やはり、指導教官の下で基礎からきちんと勉強することが必要です。そこまでして勉強し、身につけた実力が、真に社会で役に立つのです。

本を書き、有料の講演をする人は、ほとんどが専門書を読破する能力を持ち合わせています。学術に限らず料理、書、絵画の世界であろうと、専門書を読破する力がなければ、プロとして成功は難しい。逆な言い方をすれば、専門書を読破できない人は、永遠にアマチュアの域から出ることができないでしょう。

もちろん、独学で専門書を読破する力を身につける人は存在します。しかし、努力の陰には、貴重な時間が余分に費やされているのが現実、と推察します。効率の面から考えれば、大学に進学し、ゼミなどで指導教官につけば、最短距離を歩むことができるのです。

なによりも、将来に役立つ人脈を構築することもできます。総合的に勘案すれば「事情が許すかぎり大学に進学すべき」というのが、私の持論であり結論です。実力社会だから学歴無用と考えるのはあまりにも短絡すぎます。もう一度、受験の意義を真剣に考えて、大学で本当に役立つ総合能力や専門能力を磨くべきではないでしょうか。

大学で会得する論述能力の重要性

「実力主義」「能力型社会」の言葉が好まれている社会風潮に反して、大学進学を勧めるのは時代に逆行するだろうか。

「予備校経営者だから、そう言うのだろう」。そんな雑音も聞こえてきそうです。

私は、そんな狭い了見で大学進学を勧めているのではありません。子供たちの十年後、二十年後を考えたとき、大学に行っておれば…の後悔をさせたくないのです。

進学推奨の理由は、大学で会得する論述能力の重要性です。周囲を見渡すと、社会人にとって最も重要な論述能力が劣ることで、苦労している人がたくさんいます。

私の知り得るかぎり、試験に○×式や択一式の出題をする大学は存在しません。大学の試験は論述式が基本です。「○○について述べよ」のテーマに対して起承転結、あるいは序論・本論・結論という形式をとりながら、自分の意見を論述していくのが一般的です。いまだ、マークシート方式や穴埋め方式の試験を取り入れた大学があるという話は、聞いたことがありません。

大学の試験に限らず、司法試験、公認会計士試験や英検1級であっても、論述能力を問う出題が現在は主流で、論述部分に最高の配点を与える傾向は年々強まっており、その出来具合が合否を大きく左右します。

社会人になると、それ以外の場面でも、論述能力が問われるケースは多く、必要性を痛感させられます。IT・パソコン時代となっても、組織はすべて書類を通して動いていくわけで、その書類が中学生や高校生が書いた作文程度であったら、企画書としては通用しません。理路整然と表現できないと、営業力に秀でていようが、抜群のアイデアの持ち主であろうが、文章の壁に阻まれ、頭打ちになってしまうのです。

仮に独立し、社長を目指す人でも同じ。銀行に提出する事業計画書一つにしても、文章に説得力がなければ、資金調達もままならないのが現実です。論述能力を養い、鍛えていくのに最適なのが、大学における定期試験というわけです。

この時期、周囲の雑音に惑わされて、目標を変更するのは、苦労を将来に先送りすることに外なりません。胸突き八丁のときほど、目標を見据えた行動をとるのが、賢明の選択であることを、もう一度、アドバイスします。

予備校の意義

受験のためのみならず補習機関として

授業後に学校から直行し、夜まで塾や予備校で勉強する子供が少なくありません。その一面だけをとらえて「なぜ、そこまで勉強させる必要があるのか」とか「子供が気の毒」と、眉をひそめる人がいます。

実のところは、ほとんどの子供が喜々として塾や予備校に通っているのです。理由は明快。塾・予備校には、学校で体験できない勉強の面白さや魅力があるのです。子供たちの姿がなによりの証しです。

勉強を苦痛に感じる子は、親が勉強の必要性を説き、塾や予備校を勧めても、拒絶反応しか返ってきません。馬を水辺に連れて行っても、水を飲みたくない馬は絶対に飲まないのと同じです。無理強いは逆効果となるだけでしょう。

でも、塾や予備校に通う子供には、そこが楽しい場所の一つになっています。

善しあしの議論は別にして、背景に、学力社会の影が残っていることもあります。その現実を親も子供もよく理解しているからこそ、少子化が進む中で、一流大学に受験者が殺到するのです。

課題は、難関を突破する力の付け方です。受験に必要な絶対学習量と技術を効果的に養う方策の一つに、中学・高校の一貫教育制度を採用する私立学校では、本来は六年間で行うべき授業を五年で終了させ、残る一年を受験勉強に充てているのです。

残念ながら、公立学校の場合はそうはいきません。細かく定められた文科省のカリキュラムの指示に従い、一学級約四十人の子供全員に理解させる授業を進めなければなりません。

その制約の中で、実効をあげるには、理解力が平均よりやや低めの子供に標準を合わせた授業を行わざるを得ず、結果的に成績上位の子供は物足りなさを感じ、下位の子供は取り残されていきます。

塾や予備校は、単に受験目的だけでなく、そのような子供が多く通ってきます。

成績が上がることの意義、勉強の楽しさが分かっている子供たちは、理解しやすくて高い水準の授業を受けたいと願っており、一対一で個別指導する塾が繁盛しているのもその一例でしょう。

予備校が受験に必要な能力を鍛える教育機関であると同時に、子供たちにとっても、補習機関としての塾や予備校は不可欠な存在です。

公教育の問題点

学校取り巻く環境が〝問題教師〟を生む

塾や予備校は学校の授業不足を補う補習機関としての意義もある、と書きました。反論もあろうかと思うので、「なぜ、そうなのか」を補足します。

平成十五年九月十三日付の産経新聞に、公立学校の先生の中で、適切な授業やクラス運営ができない、いわゆる「指導力不足」と認定された教員が、平成十四年度は二百八十九人もいた。前年度に比べほぼ倍増した、との記事が載っていました。指導力不足を認定する制度が導入された十二年度が六十五人、十三年度は百四十九人といいますから、その急増ぶりに驚きます。しかも、今回発表された数字は、「全国で…」の話ではありません。全国五十九の教育委員会のうち「指導力不足」を認定する判定委員会を設置済みの二十七教育委員会だけの集計です。全教育委員会が判定委員会を設置すれば、どのくらいの数字になるのか、想像すると背筋が寒くなります。

〝失格教師〟のなかには、生徒に顔を向けず、ひたすら黒板に向かって授業を進める。学級担任なのに、生徒とほとんど言葉を交わさない。そんな教師が多数いたということです。この現状を知ると、親としては、子供を公立校に通わせることが不安になります。

公教育の問題点は、教員個々の資質もさることながら、先生方を取り巻く環境にこそあるのではないでしょうか。

私の知り合いに、都内の中学校で教育実習した大学生がいます。教育に大変な情熱とロマンを抱いている彼は、意気揚々と教育実習に出かけていったのですが、教壇に立つと、授業中におしゃべりしたりウロウロ歩き回る生徒など、まさに学級崩壊寸前。あまりのひどさに席を離れて歩き回る生徒を怒鳴りつけ、おとなしくさせた。すると、先輩教師たちから「よくやってくれた」と称賛を受けたそうです。先輩教師は「自分も若いときにはビシバシやって、言っても効き目がない子は殴ったこともあるけれど、あんまり厳しくやると、いろいろと難しい問題が……」と付け加えた、といいます。

先輩教師が口にした厳しい問題とは、想像するまでもなく、教育に干渉してくる父母や事なかれ主義の教育委員会を指してのことでしょう。その被害者であるのは子供たち。本当の授業を求めて塾に通わざるを得ないのが、現実の姿なのです。

受験は通過点

合格後の進路見据えた大学選択を

何度か、この本でも書きましたが私は、生徒や親から進路相談を受けると、まず、大学進学を考えるように勧めています。理由は幾つかありますが、その一つに、大学の良さは、さまざまな人の考えを吸収しながら、人格を養成することができる点にあります。

全寮制の私学は例外として、公立高校では、その地域の生徒としか交流の機会がありません。しかし、大学には全国の高校から学生が集まってきます。国内はもとより、外国からの留学生もいます。多様な学生と触れ合い、いろいろな意見や考え方を吸収することも、大学に進学する大きな意義の一つであるといってよいでしょう。

とりわけ同じ目的の者が集まったゼミやクラブは、人間形成の上でも大切な役割を果たしています。ゼミやクラブ活動を通じて人生観や世界観、あるいは職業観や宗教観を語り合うことが、どれほど人格形成に役立つかしれません。その意味で大学進学を勧め、入学後はゼミやクラブには加入してほしい、という趣旨の話をしています。

受験生は、とにかく合格することが人生の目的、終着点のような考えを持ちがちですが、受験はあくまでも通過点。次のステップである大学生活を得るための手段に過ぎません。

ですから、ゼミやクラブにも参加せず、「帰宅部」と揶揄《やゆ》されているような、家と大学を往復するだけの学生生活を過ごしていたら、大学進学の意義は半減します。

受験校の絞込みに、家族も一緒に悩んでいる時期かと推察しますが、合格後の進路も見据えた大学選択をしてほしい、と思います。

受験生に向かって〝大学生活の勧め〟を書くなんて、気の早い話、と一笑されるかもしれません。しかし、受験の原点は、自分の将来を見据えた幾つかの選択肢の中から、最も理想に近い大学に的を絞ることにあります。大学で何を学び、どのような学生生活が必要かを知ることは、重要な意味があるのです。

私も学生時代、クラブの仲間たちと人生観や世界観について、時のたつのも忘れてディベートしたのを昨日のように覚えています。振り返れば、じつに稚拙な議論ではありましたが、人格形成の基礎となる〝空疎な議論〟は、大学生の特権なのです。それだけに、大学進学を勧めざるを得ないのです。

大学進学の勧め

学歴コンプレックスに悩まぬためにも

十月…、この時期の受験生心理は、闘争心も萎えて、受験勉強そのものから逃げ出したくなるようです。とりわけ浪人生から「大学進学は、そんなに重要なのか」の疑問が頭を過《よぎ》り、逃避したくなることが多い、との体験談を聞きます。

そのような兆候が受験生に見受けられる場合には、もう一度、親も一緒に進学の目的や意義を話し合い、激励することが大事です。

私は、そのような学生には、実社会における学歴の存在意義を説いて、進路指導しています。

昨今、学歴偏重、終身雇用、年功序列といった日本型形態は崩壊し、実力本位型が到来した、との話を耳にします。確かに「大卒」の肩書は以前ほどの輝きを持っていませんし、学歴自体それほど大きな意味を持たなくなった、と実感します。でも、学歴不問の社会になったわけではありません。

周囲にも、学歴コンプレックスを抱いている人は少なくありません。当人しか分からない心の問題だけに深刻です。そのことで、他人の〝目〟を意識するあまりに、萎縮《いしゅく》しているとしたら残念でなりません。

体験論ですが、いくら「実力社会。学歴で悩むことはないよ」と励ましても、多くは「大卒だからそんなことがいえるんです。やはり限界がありますよ」との言葉が返ってくる。有能な人ほどその傾向が強いように見受けられます。これは当人にとって大変なエネルギーの損失ですし、肝心要の勝負どころで消極的になって、あたら才能を開花できずに終わってしまったら、これほど不幸なことはありません。将来、学歴コンプレックスに悩まずに済むことも、大学に進学するメリットなので「可能な限り進学を」と勧めている理由です。

以前にも述べたように、大卒者の違いは専門書を読みこなす力、論述力、人の意見に耳を傾ける知的許容力を身につけているかの三点ぐらい。それは大学で一生懸命に勉強してこそ習得できるもので、そうでない大卒者は、実力的に高卒者と大差ありません。

周囲が高卒をマイナス面で評価することは、当人が思っている百分の一もない、と思います。ましてや、ビジネスに限らずいかなる場合も、学歴ゆえの障壁があってはなりません。その点は誤解のないように願いたい。

定期試験と両立

学校の試験準備　早めに始めるしかない

受験勉強のペースは狂わせたくない、さりとて学校の定期試験の準備もおろそかにできない…。受験勉強も追い込みの時期を迎えるころ、受験勉強と学業との両立に悩む受験生や父母からの相談がにわかに増えてきます。

言うまでもなく、受験生にとっての最終ゴールは入試の突破であり、学校の定期試験で良い成績を取ることではありません。仮に、定期試験が最高得点でも受験に失敗しては元も子もなくなってしまいます。とはいえ、学校の試験を無視してもいいという道理はなく、むしろ、定期試験はおろそかにできません。この成績結果が推薦試験の合否判定の基準になるのですから。

では、受験勉強と定期試験の勉強を両立できる方策、はといえば一にも二にも学校の試験準備を早めに始めること。これ以外にありません。私は多くの受験生を指導してきましたが、模擬試験の成績も学校の成績も良いトップクラス（東大に現役で合格するような）の生徒は、定期試験の三週間ぐらい前から準備を始めています。その少し下の生徒は約二週間前、さらに下のレベルでは一週間前。一番下のレベルとなると、一夜漬けでごまかすか、何も勉強せずに試験に挑む〝開き直り組〟も少なくありません。

つまり、模試の成績の良い生徒は学校の試験準備もおろそかにしていないわけです。逆に言えば、学校の試験をおろそかにしていないから模試の成績も良い、ということになろうかと思います。

実は、学校の定期試験と入試とは密接に関連しているのです。手元のデータによれば入試で出題される問題の八〇％は学校の授業の範囲内。残りの二〇％が教科書外からの問題で、十問中一問か二問にすぎません。

ところが、受験生や父母の中には定期試験と本番の入試は別物と考えている人が多く、定期試験期になると「どうしたら両立できるんでしょうか」「定期試験にも力を入れるべきなのでしょうか」と相談に来ます。そのような認識は、改める必要があります。定期試験に備えた勉強こそが即、入試突破力の基礎になるわけですから、できれば三週間前から、遅くとも二週間前には、真剣に試験準備を開始したいもの。何よりも、早ければ早いほど、結果的にも、受験勉強のペースも狂わさずに済みます。

教師は激務？

責任ばかり重くて権限がない管理職

私の知り合いに、公益法人で教育問題に取り組んでいる人がいます。日本の教育のあり方を各方面から提言を行っている法人で、活動範囲を広めるため、定期的に元校長や元教頭への参加を呼びかけているそうです。ところが、「定年後は教育とは関係ないところでゆっくり過ごしたい」というのが大方の反応。積極的な姿勢を見せる人はごく少数とのことです。もう教育とはかかわりたくない…。長年、教育に携わってきた人たちが、そのような言葉を吐くとは、信じ難い話ですが、驚かされたのはそれだけではありません。

公教育の現場では、定年後の余命は、校長で二年、教頭なら三年という話がまことしやかに語られているというのです。それだけ校長、教頭は激務ということなのでしょうが——。民間からみれば、安定した給料が保証されたうえに長い夏休み、冬休み、春休みがあって、しかも売り上げなどのノルマがない教師の仕事が激務だとは思えない、という人も少なくないでしょう。だが「実際のところ、かなりの激務」が現場の声のようです。

以前、都内の中学で教育実習を受けた大学生を紹介しましたが、彼の言によると、一緒に教育実習を受けた三人のうち一人は翌日から、もう一人は一週間後には登校しなくなり、最後までがんばったのは彼だけ。「こんなにハードな仕事とは知らなかった。自分に教師は無理だ」が、脱落の理由だそうです。何が、激務なのか。校長、教頭など管理職にかぎっていえば、責任ばかり重くて権限がないことです。これが一番辛い、といいます。教育のあり方や学校運営について、自分なりに理想を抱いて取り組むも、文科省や教育委員会からの拘束がきつくて身動きがとれない。それに引き換え、問題が生じたときは厳しく責任を追及される。これではストレスにさいなまれるのも当然ですし、「退職後は、教育とはかかわりたくない」という気持ちも理解できます。

真の教育改革を行うためには、学校の運営などについてはもう少し、多くの有効な実例を示して、現場サイドの裁量に委ねることも考えるべきではないでしょうか。ここ数年、「ゆとり教育」がやかましく言われていますが、ゆとりが必要なのは現場の先生、特に管理職たちなのではないでしょうか。

英国の公教育

荒れすさむ現実　立て直しが焦眉の急

仕事でよくイギリスに行く関係で、英国にも多く友人がいます。彼らの話によると、英国の公立学校も日本に劣らずすさんでいるようです。

彼らと公立学校の議論になると、「公立学校の先生のやっていることはレッド・テープ・ジョブの見本のようなものだ」という言葉が、決り文句のように飛び出してきます。「レッド・テープ・ジョブ」は、英国で公文書を縛るのに用いた赤いテープから転じた言葉で、英国人は「能率の悪いお役所仕事、あるいは官僚的仕事」といった意味合いで使います。その典型的な見本が公立学校の先生であるというのですから、公教育もお役所仕事の弊害に陥っているのです。

「先生が一カ月間も休暇を取って旅行に出かけたり、ストライキと称して授業をボイコットしたり、引き継ぎが悪くて一日中授業がなかったりするのは日常茶飯事。もはや公立学校には何も期待できない」と、公立学校を蔑《さげす》む友人らの気持ちも理解できる気がします。

一方、私立学校は、さすがに長い伝統を誇るだけに発展の一途をたどっているということです。たとえば、ＯＢたちが競うように資金を出し合って、財政的援助を行っているのも英国の私立学校の特色で、「いい教育は私立でしかできない」との考えが社会的に定着しています。ですから、良家の子女はもちろんのこと、多くが公立学校に見向きもせず、私立学校に殺到するのも、当然といえば当然です。

しかしその一方で、資金的に余裕のない家庭の子供たちは、公立学校に通わざるを得ず、結果的に英国の社会的階級制度は緩和の方向どころか、ますます先鋭化するばかりだといった言説を、英国を訪れるたびに聞かされてきました。

社会の階級的二分化は英国の国力を削ぐ一番の原因であり、その解消は焦眉《しょうび》の急といわれて久しいと聞きましたが、一向に解消の兆しが見えてこない理由もその辺にあるのか、と推察しています。

この事象は、日本にとってもはや対岸の火事ではないはず。荒れすさんだ公立校を嫌い、私学に通わせる傾向が強まっている現実が、何よりの表れではないでしょうか。公教育の立て直しは日本にとっても、焦眉の急であると言い続けているのですが…。

入試の心構え

基礎を反復することが到達点

「授業がわかりやすく、教科書は基礎すぎて、入試に間に合うのか心配です」。そんな不安を何人かの生徒から聞きました。きっと他にも同じような不安を抱いているのでは、と思います。そこで、入試を間近に控え、不安がいっぱいの受験生に向けたアドバイスを書きます。

最初に申し上げたいのは、「基礎こそ到達点。基礎を反復することが到達点である」ということです。

入試における応用問題は、基礎学力を、いろんな角度から問われるものです。実践問題にしても、基礎をいろいろにひねって、基礎の理解度を試されるものです。たとえひねった問題でも、ちゃんと制限時間内に解答できるかが勝負になるのが試験ですから。

基礎を理解していることと、完璧な解答ができるかは別問題です。基礎的な問題が全部解答できれば、だいたい七割の点数が取れて、どの大学でも合格点です。数学を例にすると、東大クラスでも「六問中三問解けたら合格」と言われています。逆説的に説明すれば、出題のうち三問は、初めから解けない。しかし、解けるような基礎的な問題が必ず一、二問は出されているわけです。それが確実に解けて、三問目のちょっとひねった問題がおおかた解けたら、合格の道も広がってくるのです。

最近では東大も数学が五問中二問解けたら合格といわれており、残る三問は、余程できる人が得点源にするために出題されているようなもの。五問中二問解答できたら、もう合格圏です。東大でそうならば、入試は各学科の基礎的な問題を制限時間内にきちっと答案できたら十分、といえます。

受験勉強は、落ちないように勉強したら絶対に通るんです。通るようにと思って、難しい問題ばかりに取り組んでも、基礎問題を落としては、合格ラインの六五%の解答にはならない。試験問題は、基礎的な問題、ちょっとひねった応用、それに難しいのと、必ず三種類を混ぜ合わせて作るのが通例です。中には九〇数％解答の人もいますが、難関大学でも、合格最低点は約六五％解答となっています。

出題する側も、全員が全問解答できるとは、想定していません。入試問題の基礎は「どれだけ基礎が身に付いているか、を問う」と心得ることが肝心です。

読解力をつける極意は〝文章の音読〟

今回のテーマは、「読解力をつけるには、どうしたらよいか」です。

受験指導の中で、「長文の意味が全然わかりません」との相談を受けます。受験生の中にも長文の英文を苦手にしている人が多いようですが、その克服は「予習をきちんと行えば、大丈夫」。これが私の回答です。

予習とは何か。極意は文章の音読。おおむね五回繰り返せば、どんな長文でも理解できるはず。知らない単語は辞書で調べ、音読を五回行えば、内容や意味は必ず分かるようになります。

きちんと、音読ができるようならば、関係代名詞、関係副詞など文章の中で何が大事なのか、が理解できているということです。また、音読が一番脳に血が回って、頭が活性化すると大脳生理学者の川島隆太教授も言っています。

長文が理解できないのは、極論すれば、予習が足りないだけなのです。授業に備えて、学習する文章を五回音読し、知らない単語は受験生向けの小辞書で調べる。辞書をひく習慣をつけておけば、文意の理解力も高まります。もし、小辞書に収録されていない単語は、あまり入試には出ない、と判断してもいい。

予習と授業でのチェックを続けていると、英文になじみが出て、音読も早口言葉のように滑らかになり、黙読でも速読できるようになります。キーワードが頭に入っていると、単語の意味が類推できるようになり、不明な単語も前後関係で読解できます。入試に出題される長文であっても、特殊な内容はありません。高校生が一般的に理解できるエッセーなどが多いのです。だから、英文と長文の類型内容に慣れれば、さほど難しいものではありません。

また、英語の長文読解力は、地道な努力を続けていると、突然飛躍的に伸びる人が多いのですが、この勉強法は入試のみならず、大学に入って英語の授業や外書講読の授業、将来の留学試験や英検、TOEIC試験でも役立ちます。

ここは、腹を決めて、一生モノの英語長文読解力の習得に励むつもりで勉強しましょう。そのためにも、予習が初めの一歩なのです。予習も慣れれば、心楽しい醍醐味《だいごみ》があるものです。実は「わからない、わからない」と思って頭が悩んでいるときに、読解力が伸びているのです。

ノートの取り方が成績を左右する

受験教育に取り組んでおおよそ三十年。数え切れないほど受験生と接してきました。一生懸命勉強している割に成績がアップしない子。さほどガリ勉型に見えないのに、試験の成績がいつも良い子…。受験生といっても、実にさまざまです。長年、受験生を見てきて一つ、成績と密接に連動している事柄に気づきました。

何かといえば、ノートの取り方です。

「そんなことか…」といわれそうですが、ノートの取り方は意外なほど成績を左右します。

受験生にとって極めて重要なテクニックにもかかわらず、受験生、講師やスタッフに尋ねても百人が百人、「取り方なんか、教えてもらったことも教えたこともない」と答えます。

それ故に、子供たちのノートの取り方もまちまち。私は、授業中のノートの取り方が、試験結果に反映されていることに気づきました。

板書もきちっと書き写さず、漠然と先生の話を聞いているだけ。話が横道にそれたときだけ、興味を示す子は、成績も下位です。

成績中位の子は、板書の写しに夢中のあまり、先生の話を聞くのがおろそかで、印象に残った単語だけを走り書きするタイプが多い。あとでノートを見返しても、授業の流れや重要項目の論点や要点が記されておらず、どんな授業だったのか再現できない。結果、試験でも何かが抜け落ちているなど、いつもケアレスミスをしています。

では、優秀な子のノートの取り方は、といえば、先生の話は聞き漏らすことなく、板書を書き写すのは無論のこと、重要な論点を含む授業の内容を「何が何として何とやら」という形で、短い文章に書き留めています。単語ではなく、短文にして書き留めるところがポイントです。この方法ならキーワードだけを書き留めるのと違って、あとで読み返しても、授業の流れや内容を容易に思い返すことができます。

文章での記述と単語での記述。大した違いはないように思えますが、実態は、ノートの取り方一つで成績は大きく上下しているのです。素早く、読みやすい文章をサッと書ける人は、出題に素早く反応し、正確な記述ができて、答案の再点検もできています。

日ごろのノートの取り方が受験にも重要な役割を果たす。受験生には、そのことを再認識してほしいのです。

英語の長文対策　音読が最も効果的

大学の英文科を卒業した中にも、英文を読めても会話ができない人が結構います。大学を出ていても、話せない人は相当数になるはずです。その結果が、昨今の英会話学校の繁盛に現れているのだと思います。

中国へ行った人は知っていることですが、現地のガイドをはじめ、驚くほど日本語の達者な人にたくさん出会います。もしや、日本への留学経験があるのでは、と尋ねると、大方は「大学で日本語を勉強しただけ。日本へは一度も行ったことはありません」。なぜ、大学の勉強だけで、日本人顔負けの流暢《りゅうちょう》な日本語が操れるのか。

彼らに聞いてわかったことは、その秘密は大学における日本語教育の手法にありました。

中国の大学が採っている教育法は、典型的な日本の会話文を徹底的に暗唱させられるとか。テープを聴きながらセンテンスを丸暗記し、正しく言えるか、イントネーションは正しいか、授業で真剣勝負の厳しいチェックを受ける。それを授業のたびに何度も何度も繰り返すそうです。無論、文法や文章読解の勉強はしますが、話す、聞くの学習量が日本の外国語教育に比べ大きな比重を占めているのは確かです。

日本の英会話学校でも実践しているパターンプラクティスを、真剣勝負で毎回やる授業を中心にした教育なのです。

省みて、日本の英語教育はといえば、長文読解や文法の知識を筆記テストするのが主流。最近少しずつヒアリングの問題が増えてきた程度です。英語学習の意義は昔ながらの、英文で外国の知識を吸収する、との考えが今も続いているのです。

ですから、大学の入試にヒアリングを取り入れている学校はほとんどありません。受験対策は、必然的に長文読解や文法にウエートを置くことになります。

無事、合格後の大学における英語授業は、外国書物の講読や専ら《もっぱ》英文の読み物の文法的解析などに取り組むだけ。中学、高校、大学と計十年間も英語を勉強しているのに英会話や聞き取れない人が多い現状は「問題だ」と言わざるを得ませんが、受験に話を絞れば、前にも書きましたが、長文対策は音読が最も効率的な勉強法です。頻出単語や熟語を暗記し、重要構文の理論的な分析や文法問題を反復すれば、難解といわれる長文読解力が進歩するのです。

出題内容の七割は基礎学力を問う

きちんと基礎を勉強するよりも、応用問題や難解な問題にチャレンジすることに夢中になる受験生が少なくありません。焦る気持ちがそうさせるのでしょうが、これはあまり感心できません。前にもいいましたが、受験においても、基礎を反復学習することが合格への一番の近道なのです。

大学入試と言っても、極端に難しい問題ばかりが出題されるわけではありません。出題内容を長年のデータで分析すると、七割方は基礎学力を問う問題。三割ほどがちょっとひねったり、かなり難しい問題の構成が一般的です。問題作成側も、全員が全問解答できると考えた出題をしているわけではありません。従って、基礎学力さえきちんと身に付けておけば、ほとんどの大学は合格できるものなのです。

以前に書いた繰り返しになりますが、最難関校で知られる東大の数学にしても「六問中三問解答できれば合格点」というのが定説です。半分はほとんどの受験生に解けないような難問である代わりに、必ず基礎学力があれば解ける問題が二問は含まれていると、考えられます。それを確実にこなし、ちょっとひねりが加わった問題を一問、悪くとも半分ぐらいまで解けたら、通るといわれています。数学にかぎらず、ほとんどの科目が同じようなものです。

このように、受験には基礎学力がきわめて重要なのですが、入試の実態を知らないと、前へ前へと気が焦る余り、基礎をおろそかに、応用問題ばかりに目を奪われてしまいがちになります。受験勉強も最終盤を迎える十二月、多くの受験生は「今更基礎をやっている段階ではない」とばかり、応用問題や難解な問題に取り組むわけです。それには、ある勘違いがあるのです。基礎がわかっているということと、基礎問題が完璧に解答できることを混同しているのです。

わかった気でいても、入試本番で正確な解答が書けなければ、得点にはなりません。基礎学力を問う問題を落とす人は、平均的な合格最低点といわれる六五％をクリアできず、不合格に。受験勉強の苦労は水の泡ということになってしまいます。

ここが入試の落とし穴で、「絶対大丈夫」と自他ともに認める生徒が失敗するのは、大体がこのケース。基礎問題で、意外につまずく受験生が多いのが実情です。

英語の重要性

文法が難しくなる中一後期が分岐点

入試における英語は、大学、高校を問わず配点比率が高く、文系でも理系でも受験の必修科目になっています。受験における英語は得点差がつきやすい科目の一つで、得意か不得意かは重要な問題です。少々大げさにいえば、人生の方向性を決めかねません。

受験生でなくとも、子供の将来を考え、英語嫌いにならないように指導することが親の責務といえます。

英語は算数と同じで、中学一年生の後期を境に、好き嫌いがはっきり分かれます。そこを見逃さないように注意することが肝心です。

分岐点になる一番のポイントは、文法を習い始める中学一年の終わりごろ。非常に文法が難しくなるので、覚えたての単語を口にして喜々としていた子供たちも戸惑います。

例えば、ＩＮＧをつければよい現在進行形は分かりやすい。でも、現在完了形には、現在が完了するって何だ？　さらに過去完了形。もっと不思議なのは、過去進行形です。過去が進行しているってどういうこと？

タイムマシンに乗っているときの話か？「もし何とかだったら何とかだった」という仮定法過去に至っては、中学生の頭では言葉の意味さえ理解できず、ほうり出したくなります。

無邪気にドッグ、キャットと言っていた子があまり英語を口にしなくなるのは、たいていこのころです。授業で理解できなかったことを家で復習し、身につければよいのですが、質問をされた親が「わからない」からと、逃げてしまいがちです。

英語学習は、ここを乗り越えればあとは楽なのですが、英語嫌いの多くは、この時点でくじけてしまいます。無理もありません。過去完了や過去進行形とか仮定法過去なんて、頭で考えたって理解できないものなのですから…。

もし、両親が英語を教えられないのでしたら、授業に英語が加わる中一の早い段階で英語塾に通わせるとか、家庭教師をつけるなどし、英語を学ぶ楽しさを身につけさせることを勧めます。

この際、注意が必要なのは、帰国子女の先生は、往々英文法が弱い場合が多いので、学校英文法、欲をいえば入試英文法に強い先生を選ぶ方がより適切だといえましょう。

受験対策は、基礎をしっかり学ぶことに尽きます。

苦手教科の克服

分数計算きっかけに算数嫌いの危険性

ここ数年来、算数嫌いの小学生が増加しています。一度、「算数は嫌いだ！」との意識を持たせてしまうと、後々大きなハンディを背負うことになり、由々しき問題になります。

どんな教科でも、先天的に嫌いな子供などおりません。先生の教える技術にも一因があるのですが算数の場合、私が分析したところでは、一番多いのが分数が理解できなくて算数嫌いになるというケースです。次いで、文章問題を苦手にする児童が多いのです。

分数計算と出会うのが小学校三、四年生。生まれて初めて「抽象概念」を学習するわけです。発達心理学によれば、この年齢になると、抽象的な概念を扱う脳が発達してくる時期が定説です。学習指導要領でも小学校三、四年で分数計算や小数点以下の数字を教えるよう決められております。

発育には大きな個人差がでるこの時期は、「抽象概念」が晩熟型の子もいます。とくに、早生まれの子にはその傾向が強く見られ、足し算や引き算は分かるのに、「二分の一」とか「三分の二」になると、苦手という子になりがちです。

私もそういう子の一人でした。正数は指で数えられるが、「一の半分が二分の一」と言われると、指が半分に切れるのかと悩んでしまう。三分の一、四分の一になると、指の関節は三つしかないのに。ましてや五分の一なんてどうやって指を刻むのかな、などと非常に不思議に思ったものです。

算数嫌いになるきっかけは、だいたい分数計算が登場するころ。脳の発達時期との関係があるのでしょうか、早生まれの子や成長の緩やかな子は、算数嫌いになる危険性がきわめて大であるといって言いでしょう。

小学生の段階で算数嫌いになってしまったら、高校や大学進学に際し、理数系はほとんど不可能で、数学が必須の国立大学を希望しても苦労します。進学面に限らず、算数が嫌いなだけで、子供の可能性を狭めてしまうことにもなります。

そうなる前に学習塾へ通わせるか家庭教師を付けるのも選択肢の一つです。

不得意を克服する効果的な勉強法は、抽象概念が試される文章問題も同じですが、しっかりした先生の下で、分数計算のドリルなどを理解できるまで、徹底的に反復学習させる。これが確実に力をつける近道です。

基礎学力は国語

重要なのは文章を読む力と理解力

受験を前提にすれば、英語は最重要科目。英語力を伸ばすうえで土台になるのが国語力です。国語力が弱いと英語力も伸びません。特に英文解釈では、英文法を読む力の根幹として、国語力は不可欠です。それ故に入試では、含蓄深い文章を読解させるのです。

国語力が重要なのは、英語に限った話ではありません。数学を解く能力も国語力にかかっているのです。計算問題はともかく、文章題は、読解力が弱いと、何を問われているのかすら理解できず、答えを導き出すことはできません。

大学受験の数学では、解決プロセスの中で使われる論理的な思考や形容詞、副詞の適切な言葉の使い方が要求されます。数字を操るだけの科目に思いがちですが、解答を導き出すプロセスでは、表現力も重要な得点判断になっています。理科や社会にしても、やはり土台（基礎学力）は国語力です。入試では、配点の高い難しい出題は文章題なのが常識です。総合的な思考力を試しているのですから…。

長く教育に携わってきた経験からも、国語力のある子は総じて全体の成績が良く、読書好きな子で成績が芳しくないという子はあまりいません。幼児期から、活字になじみ、知らず知らずのうちに読解力を身につけてきた子は、一般的に入学後も成績が良いようです。つまり、勉強ができる、できないはひとえに文章を読む力と、理解力にかかっていると言っても過言ではありません。

こういう話を受験生にもするのですが、なかには、「じゃあ、いまから国語に力を入れよう」と、勉強を始める受験生がいます。その意気やよし、と褒めたいが、残念ながら、付け焼き刃的な勉強法では国語力アップなど望めません。その理由は、何時間勉強すれば何点上がる科目ではなく、読書量や現代国語読解の理論、解法の定石の積み重ねが必要だからです。

入試を目前の勉強法と限定するならば、国語については、確実な得点源になり難い現代国語よりは、むしろ、漢文や古文にウエートを置いた勉強をした方が得策です。漢文は基礎を、古文は助動詞をしっかり勉強した方が、即効力もあり得点に結びつきます。

いずれも受験直前を前提にした話なので、誤解しないでいただきたい。言うまでもなく、原則は「国語力の養成は小さいうちから」です。

得意科目を伸ばす

「誰にも負けない」自信が勉強の原動力に

受験生のお母さんからよく受ける相談に、「国語や社会は得意なのですけれど、数学の成績が悪くて困っています」「数学は良いのですが、英語がどうも…」というのがあります。無論、不得意科目はないにこしたことはありませんが、苦手な科目が一つや二つあったところで、目くじらを立てるほどのことではありません。

不得意科目を克服させたい、との親心でしょうが、親ができる対応策は塾に通わせるか、家庭教師を付けることです。その時期は、数学ならば分数計算を習う小学校の三、四年生。英語ならば中学一年の終わりころからが理想です。

親が環境を整え、子供が努力しても不得意科目が克服できない場合は、方向を転換させて、得意科目をいかに伸ばすかに心を配るべきです。秀才と呼ばれる子でも不得意科目はありますし、「誰にも負けない」という得意科目をつくることで、その自信が、勉強意欲や勉強時間全体を増やす原動力となるのです。

受験指導をしていて感じることは、際立った不得意科目はないが、得意科目もないという子の指導ほど難しいことはありません。どの科目もドングリの背比べだと、成績向上のきっかけがつかみにくいからです。不得意科目はあっても得意科目を持っている子の方が、合格の可能性を秘めており、進路決定の指導に迷うことも少ないのです。

得意科目を伸ばすことで、いい点を取れば勉強が楽しくなる。そうなれば、ますます予習、復習に励み、先生やクラスの仲間から「すごい」と一目置かれるようになる。その結果、得意科目をやり遂げた自信が、不得意をも克服させるのです。

「短所を無くすより長所を伸ばす方が、成長が早い」は、勉強にも当てはまります。

子供の教育では、「よくできるねえ、すごいじゃないか」と励ましながら、長所を伸ばす方向に持っていった方が絶対に良い。「みんなできるのに、なぜできないの？」「苦手な数学もちゃんとやりなさい」などと、マイナス面ばかりを指摘すればするほど、子供は勉強意欲を無くしていくものです。

不得意科目をつくらせたくないと、親がやきもきしたところで、子供が才能を開花できなければ問題は解決しません。時には「急がば回れ」の心境も必要です。

入試直前の対策

ここが踏ん張りどころ、迷いは捨てて

センター試験も終わって、多くの大学受験生は二次試験を残すのみ。追い込みに余念がない時期だが、センター試験の結果に頭を抱え、肝心の勉強が手に着かないなど、本番を前にペースを大きく狂わす受験生が少なくありません。

「大丈夫だろうか。失敗しないだろうか」と不安になる気持ちは、毎日受験生と接しているので良く分かります。だが、ここが踏ん張りどころなのです。迷いは捨て、ひたすら受験日まで勉強に取り組まないと、これまでの苦労が水泡に帰してしまいます。

センター試験が芳しくなかった人は、こう考えてほしい。「心配はしても、心痛しない方がいいのだ」と。

「合格するだろうか、駄目だろうか」と心を痛めているだけでは、ただの心痛。

これに対し、心配は心を配ること。通るか通らないかは受験しての結果、通る確率を高めるように、問題集を少しでも多くやろうと、受験日までの時間配分や重点科目の絞り込みなどに心を配る。この時期の受験勉強は、不安ながらも勉強の手を休めずに、多くの問題集をこなすことに徹するのが肝要です。

三十年ほど受験指導に関わってきました私の実感からも、受験勉強で一番大切なのは、受験直前の二カ月。この間の勉強次第で、偏差値を二〇近く伸ばした受験生をたくさん見てきました。十二月の試験で、偏差値が五〇前後だったのに、合格最低ラインが偏差値七〇といわれる学校に合格する人がいるのです。信じ難いと首を振られる人もいるでしょうが、”奇跡“を起こすことも十二分に可能なのです。

一般に学力は、直線的に伸びていくものと考えられていますが、実際には、十二月を境に放物線状にアップします。特に現役生には、この傾向が強く、その結果、偏差値が一〇も二〇も高い学校に合格する人がかなりの数でおります。

その理由は、現役生の場合、社会や生物などの暗記物が完成し、総合得点が急に上がること。それに、本番を目前に「死に物狂いで頑張らねば」という思いが緊張感と集中力を高めることで相乗効果を発揮し、得点アップに結び付いている。私はそう分析しています。

実例からも「センター試験結果に一喜一憂せずに緊張感を持って受験日まで突っ走る」。

これが究極のアドバイスです。

直前アドバイス

受験校を増やすことで伸びる学力

二月に入ると、大学入試が本番を迎える。私学を皮切りに、三月の国公立二次試験まで受験月間となる。最終の志望校選択の決断を迫られている人も多いと思います。

ここ数年、大学受験における一人当たりの受験校数は減少傾向にあります。ひと昔前は五—六校受験は当たり前。十校を超える受験生も少なくありませんでした。現在は少子化や受験料値上がりなど経済的な事情もあってか、五校以上を受験する人は目立って減ってきました。

しかし私は、最低でも五校。経済的に許されるならば十校前後受けた方がよい、との考え方を持っています。無論、「下手な鉄砲…」などとは毛頭考えていません。受験回数を増やしても、学力が伴っていなければ無駄な行為だけですから。

あえて数多い受験を勧める理由はなぜか、と問われれば、実際を体験することで、本番（志望校）に向けた試験に強い学力を飛躍的に伸ばすことができるからです。受験を増やせば、学力が伸びると短絡的に受け止められては困ります。要は、試験から戻ったら直ちに出題の答え合わせを行い、正答できなかった問題は、間違った理由を徹底究明し、重点的に参考書や問題集を手がかりに、関連問題を片っ端からこなしていく。この確認作業こそが大切で、数多く繰り返すことが受験に向けた実力アップに役立つのです。偏差値の高い志望校に合格した人たちの多くは、試験の前日まで気を抜かずにねばり強く勉強し、最後の試験が終わるまで努力を続けた人たちなのです。

現在の入試は推薦入学を取り入れる学校も増えて多様化しています。同じ大学を三回も四回も受験でき、国公立も試験期間が長期になり前期、後期、一次、二次と受験できるのです。

私が最低でも五校と進める理由は、まさにここにあります。私の予備校の入試対策を紹介しますと、受験後は予備校に直行させて、入念な答え合わせと、関連問題の確認をするように指導しております。

改めて言うまでもなく、学校ごとに出題傾向というものがあります。でも、A校の出題とよく似た問題がB校でも出題されるケースが少なくありません。出題にも年ごとに流行もあります。それらの実態を踏まえれば、数多い受験が大切な受験対策の一つになることが、理解を得られると思います。

「すべり止め」意識は捨てよ

大学、高校を問わず、受験校を決める目安を、「すべり止め」「実力相応」「実力より上」と三つのレベルに分けている人が一般的です。この絞り込み方法に間違いはありませんが、わたしは「すべり止め」との考え方には賛成できません。すべり止め校を受験することが悪いのではなく、「すべり止め校という意識を持つことに落とし穴がある」と警告したいのです。これまでに、万を超す受験生を指導してきました。その経験でいえば、「ここは絶対に合格間違いなし」と目されていた「すべり止め校」に失敗したことでパニック状態に陥り、残る受験校もすべて失敗した受験生が少なからずおりました。

受験生の心理は非常にデリケートで、ちょっとしたことに動揺しがちです。「絶対に大丈夫」との自信で臨んだ〝すべり止め校〟に失敗したとなれば、絶望感は計り知れません。なかには自信喪失し、受験どころではない受験生もいます。そんな心理状態の受験生に「平常心を失うな」と忠告し、励ますこと自体が酷な話といえます。

もし、実力より上の学校に挑戦した、いわゆる「あこがれ受験」であれば仮に不合格でも、「ああ、やっぱり」と冷静に受け止め、ショックを引きずることにはならないでしょう。ですから、私は「すべり止め意識で受験するな」と、戒めるのです。

要は考え方の問題なのです。極めて簡単なことで、受験の意図を「すべり止め」とせず、「第一志望に必ず合格するために必要なウオーミングアップ受験」と意識すればいいだけ。すべり止めと位置付けるから「絶対合格」のプレッシャーがかかる。ウオーミングアップと考えれば、気楽に受験でき、失敗しても自信喪失やパニックで、せっかくの受験を台無しにする事態は回避できる。

本番の緊張や試験への取り組み方のテクニックなどに慣れ、あくまで第一志望に向けたウオーミングアップ校ととらえることで、受験回数をこなすごとに実力も上昇。不運にも「すべり止め校」に不合格だった受験生で最終的に「あこがれ校」にだけ合格したというケースは、私の予備校でも多数います。

受験で大切なのは平常心です。失敗を糧に「災いを転じて福となす」とするためにも、”すべり止め“の考え方だけは改めてほしい。

不安でも志望校レベルは下げない

入学試験は本番を迎えた。受験生の不安感と焦りはピークに達し、受験生のいる家庭は、緊張感でピリピリ状態と推察します。「大丈夫だろうか」。入試を目前に、誰もが不安感に襲われるものですが、出願直前になって受験校を変更する受験生がいます。だが、これは絶対に避けるべきです。

その心理は、志望校のレベルを下げることで「偏差値七〇の学校が目標だったが、六五あるいは六〇に下げれば、大丈夫だろう」というわけです。確かに論理的には、偏差値レベルを下げれば、合格の可能性は高くなるように思えます。でも、それはあくまでも数値のあやで合格確率上のこと。実際は、レベルを下げることで心に油断とスキが生じ、受かって当然だった学校に落ちるケースも少なくありません。

レベルを下げれば、自身の気力や気迫も下がるのです。直截《ちょくせつ》に言って、志望校を下げれば、合格できるとの考えは、安易すぎます。「レベルを下げれば…」と考える受験生は、「合格するならばどこでも」との思いがあるようですが、これは禁物。入試に成功するには「何が何でもあの学校に！」という強い意欲が不可欠で、その意欲を試験日まで持ち続けられた受験生が最後に勝利するのです。

とは言っても、入試が目前に迫ってくると、あきらめに似た気持ちになることもあるでしょう。そんな時は、志望校の下見に行くとよいと思います。下見は受験当日の準備になるし、キャンパスの雰囲気を肌で感じることで「この学校で勉強したい」という気持ちが強まるはず。あきらめに傾いていた気持ちも一掃されて、これまで以上に受験勉強に熱が入ること請け合いです。

「東大に行きたい」「早稲田に行きたい」と頭で考えているだけでなく、志望校のキャンパスに立ち、学校を行き来する学生たちの姿を見れば、〝夢〟を現実の形に置き換えられ、受験意欲はいや応なく高まってきます。

受験生によく話していることに「大砲の理論」というのがあります。大砲をAに定めて発射するとBに当たり、Bに定めるとCに当たるのです。地球には重力があり、常に目標より高い所に筒を向けないと、目標に当たらないのです。

入試も同じ。どんなに不安感にかられようとも、志望校レベルを下げるのだけはいけません。

周囲の雑音には耳を貸さない

例年、入試を目前にして、「A大学はB出版社の問題集をやっておくと有利だ」「C大学の今年の出題はこれだ」。そんなアングラ情報が受験生の間に飛び交います。さも真実味が有りそうに聞こえる受験情報ですが、この種の雑音は無視するのが一番。なまじ情報を信じ、新しい問題集に取り組めば、焦りから勉強のペースが乱れるだけです。

「こんな問題は初めて」「難しすぎてとても解けない。もうダメだあ！」などということになれば、これまでの受験勉強は水の泡、目も当てられません。

受験日直前の勉強法は、これまで取り組んできた参考書とか問題集を数冊に絞って、確認の意味で、最初からじっくり復習することです。そうすると、忘れていた個所があれば再確認できるはずです。そして、何よりも全体を見通して解答する勘が鋭くなるのです。その確認作業と解答力の勘を研ぎ澄ます作業が、入試直前では一番大事なのです。

いずれにしても、入試が間近に迫ったら、友人などの余計な雑音には耳を貸さないこと。これが基本です。

その例外は、予備校の先生からの受験情報。その情報だけは、事情が違ってきます。

言うまでもなく、予備校の先生は受験指導でメシを食っているのです。大方の先生はいかに受験生を合格させるか、日夜頭を悩ませ、必死に努力しています。受験情報に関しても、あらゆる手段を尽くして収集しています。もちろん、分析力もありますから、ただ単に受験情報をうのみにすることもありません。長年の経験と知識から、「○○大学の入試問題に、今年はこういうのが出そうだ」と予測できるわけです。ですから、予備校の先生からの情報はかなり出題確率の高い情報だと考えていいでしょう。

その場合、予備校の先生のアドバイスに従って問題に取り組んだとき、もし理解できないようだったら、躊躇《ちゅうちょ》することなく質問しなければなりません。分からない問題を分からないままにしては、心の動揺が広がるだけ。アドバイスに耳を貸したことが、かえってアダになってしまいます。

その意味でも、予備校の先生とは、平素から親しくしていることです。予備校選択の際にも、気軽に質問できるシステムを導入しているか、を目安にすべきでしょう。

集中力持続してケアレスミスを防ぐ

入試では、一点が合否の分岐点になる怖さがあります。解答不可能な設問ならば、あきらめもつきますが、ケアレスミスは、悔いが残ります。「ああ、単純なミスを…」。動揺がその後の試験まで尾を引く場合だってあります。二月下旬は、まさに東大、一橋など前期試験の天王山。本番でのケアレスミスにだけは十分に注意してほしい、そう願っています。

ケアレスミス原因の一つは「極度の緊張感によるものが多い」。とくに雰囲気に慣れていない最初の受験時にその傾向がある、と聞きます。過去にも、極度の緊張感から「平常心、平常心」と念じたが、手足が震え、満足に字を書くことさえできなかった、という事例を見聞しています。

緊張感を取り除く一番の方策は体験。受験に慣れておくことですが、この時期に言っても、間に合いません。

受験会場で簡単にできる対処法は、試験開始前や休憩を利用し、チョコレートやキャンディーやリンゴジュースなどで、糖分を補給すること。一息入れることで緊張感を和らげる以外に、糖分補給は集中力を高める効果もあります。

ケアレスミスには、緊張感とは反対に、油断が原因の場合も意外に多いので要注意です。

このケースは、簡単な問題、過去に解いたことのある問題で起こす失敗です。問題を目にした瞬間、安堵感から気分が緩んでしまい、慎重に答案用紙を点検せずに提出し、後でミスに気づいて慌てる。これもよくある失敗例の一つです。やさしい問題こそ十分な注意が必要で、思い込みで解いていないか、解答欄を間違っていないか。終了ブザーがなるまで入念にチェックしなければなりません。

それを防ぐには、制限時間の十分前に解答を終え、残り十分間は、ミスの発見・見直しに充てることです。

十分前に解答を終える習慣は、模擬試験などを通して身に付けておく必要があります。私の予備校では、入試直前期に、十分前終了の訓練を徹底的に行っています。

もう一つ、ケアレスミス防止に役立つ即効性の高いアドバイスは、試験会場では、休憩中に友人と答え合わせや雑談は絶対にしないこと。休憩時間は、参考書を読むなど、活字に触れ、ギリギリまで活字への集中力を強化する。それだけでケアレスミスも減らせます。

来期受験に備え

不得意克服は今から基礎をじっくり

最後の入試に取り組んでいる受験生は、三月初めが歯の食いしばりどころ。来年受験の現役生にとっては、卒業・終業式と同時に受験生となる。今から、不得意科目の克服対策、予備校選択など長期的な展望をもって取り組む必要がある。

入試の合否は、高校、大学を問わず基本的に総合得点で決まる。極論すれば、得点の低い科目が一つあっても合格する。「不得意科目の克服に費やすエネルギーを得意科目を伸ばすことに使いなさい」と入試が迫った時期にアドバイスした背景には、その意味も含まれているのです。と言っても例外はあります。英語など配点の高い科目は、不得意では、合格最低ラインに到達せず致命的な打撃を受けかねません。英語などが不得意な生徒は受験前に、是が非でも克服に努めねばなりません。

克服に役立つアドバイスは、最初から大きな目標を掲げないこと。とかく八〇点、九〇点取るレベルまで上げなければ、と考えがちですが。そう考えることが、苦手意識をさらに強め、結果的に勉強が空回りします。ですからコツは、目標を「とりあえず合格最低点を取ればいい」と低めに置き、基礎を時間をかけてじっくり習得することが近道です。

英語を例にすれば、入試での出題事例が多いからと、長文の読解に取り組むのではなく、単語ややさしい短文を暗記する気持ちで徹底的に反復練習する。体力強化に、腹筋運動や腕立て伏せを毎日続ける感覚で行えば、自然と身に付くものです。

受験に重点を置いた勉強法も同様で、分厚い参考書やレベルの高い問題集に取り組まず、入試問題の正答を暗記してしまうくらい、何回も解く勉強法も一つのやり方でしょう。論理が問われる理数科系を得意とする生徒の中には、暗記を苦手にする生徒もいます。数学は教科書の基礎的な例題を覚えることも不可欠で、暗記が苦手な場合は、友人と覚え合い競争を取り入れることや覚えるまで許さない先生に習えば、いや応なく効果を上げることができます。

基礎学力は一朝一夕では身に付きません。継続した勉強が必要で、その環境を整えることも親の務めでしょう。必要に応じて塾や家庭教師も選択肢になります。「基礎学力が肝要」なことは、受験勉強における鉄則でもあります。

基礎が大切

英語は文法教育にも力注ぐべき

公立中学生の保護者は存じていると思いますが、「ゆとり教育」の下では、公立中学の英語は週三時間の授業しかありません。それも英会話中心で、高校受験や大学受験に不可欠な英文法はあまり教えなくなっています。一方、私立の中学は英語が週五―六時間あり、大切な英文法をみっちり教え込んでいます。この違いを知れば、親の誰もが子供を私立中学に通わせたい心境にあるのでは…。

私立入学は別にしても、公立の中学生ならば、塾で英文法を学ばせるなど、私立中学との教育格差を埋める必要があります。放置しておくと進学に際し、不利な結果を招くことは、否定できません。英文法が重要なのは、受験対策だけではありません。仕事の関係で米国や英国、オーストラリアなどを飛び回っていますが、欧米人を相手に専門的な会話ができ、何とか難解な英語の書類を読みこなせるのも中学、高校を通じて私が英文法を身に付けることができたからだと思っています。現在の中学英語は文部科学省の「英文法より英会話だ」という方針の下で、英会話中心の授業を進めています。

しかし、文法を知らずに、また、文章の構成、動詞や助動詞の変化を知らずに、その国の言葉を正しく読み、書き、話し、そして理解することができるのでしょうか。確かに、英会話教育が極端に不足していたのは事実です。私が指摘したいのは、不足分を補う英語の授業数を増やさずに、授業数を減らしたうえに文法より英会話を重視するのでは将来、高いレベルの語学習得は不可能という点です。早稲田大学の例ですが、英会話に不自由しない何人もの帰国子女が英語の外書講読で単位が取れずに、中退していく学生がいる事実もあります。その原因は、共通して高いレベルの読解や英文法ができないためだそうです。

現に、英文法を知らない大学受験生が多数います。私の予備校では、そういう受験生を対象に、中学英語の基礎を徹底的に復習することから始めています。現状を直視すれば、公立中学の英語を最低でも以前の授業時間数に戻し、文法教育にも力を注ぐ必要があります。教育に携わる一人として、基礎をおろそかにする公教育の現状には、大きな将来への危機を感じざるを得ません。

志望校を明確に

現在の偏差値気にせず目標を定める

入試シーズンが終了。同時に新三年生にとっての受験がスタートします。大学進学を目指す新三年生は「まだ一年も先のこと」と、のんきに構えていては「光陰矢のごとし」です。本番間際になって慌てふためかないよう、今から受験対策に取りかかることを勧めます。

新学期になったら、一年間のスケジュールを決めて、それに沿った受験勉強を心がけるのがベストです。春先は、やる気と自信をもって取りかかるのですが、五月の黄金週間が過ぎたころから、多くの人は、やる気や緊張感がなえてきます。この時期を上手に乗り切れるかが、ハイレベル校に現役合格できるか否かの分岐点です。

どんな勉強法が理想かといえば、机に向かって長時間活字を読み、書く習慣をつけることに尽きます。参考までに、私の予備校では、一日十時間黙して机に向かう習慣をつける〝学習道場〟を行っています。

もう一つは、学習道場や夏期講習や合宿など、緊張感をもってやり遂げるには、まず、志望校を早く決めることです。

目標が定まらないと、「受験勉強を始めなければ」と思っても、身が入りません。その意味でも志望校決定が一番大事と言っても過言ではありません。

この時期の志望校選択は、難しく考える必要はありません。要は「行きたい大学」「あこがれの大学」を、とりあえず志望校にすればいいのです。「早稲田、慶応に行きたいが、夢のまた夢」という人がいるかもしれません。しかし、現在の偏差値は気にすることはありません。進学したい早稲田や慶応を目指して、合格するだけの勉強を一生懸命すればいいだけの話です。

難関校であっても、これからの一年間、無我夢中で勉強すれば、夢を現実のものとすることができます。そのためには、春と夏の時期は無味乾燥とも思える基礎固めに専念することです。焦りは禁物です。基礎固めとはほとんどの場合、暗記と手で書いて覚える――を繰り返すことです。

偏差値が低い人は勉強法を振り返ってみてください。基礎固めを怠っていた結果ではありませんか。根気よく努力すれば、私立文系志望の人は偏差値が二〇も三〇もアップするものです。偏差値に不安のある人こそ、私立文系を志望校にすべきでしょう。

私大文系か私大理系・国公立か選択を

志望校を絞り込む際には、受験課目を考慮する必要があります。国語、英語、社会が主流の私立大学文系と五教科七科目の国公立大学では、受験の取り組み方がまったく異なるからです。（以下、国公立大学の受験科目数は、平成二十年現在に合わせました）

受験は時間との勝負でもあります。暗記勉強法が有効な基礎学力を問う私大文系の場合は、新三年生になってから受験勉強を開始しても時間的には十分に間に合います。しかし、早稲田、慶応など一般に難関私大理系といわれる大学や医学部、国公立は数学が必須科目で、しかも配点に占める割合が高く、受験勉強にはかなりの時間を割く必要があります。

とくに現役受験生にとっては、受験課目の多少が分岐点になります。その点を踏まえた上で、第一段階としての私大文系か私大理系・国公立かの選択をしてほしいと思います。

私大文系は前にも書きましたので重複は避けますが、基礎学力を身に付けることを重点に一年間、みっちりと反復学習を続ければ、大方の人は合格圏内の学力を身に付けることができます。早大、慶大、上智といったトップレベルの大学も夢ではありません。

一方、国公立大学や難関私大の理系や医学部となると、三年生の新学期を機に受験勉強を始めるのでは、かなり厳しいのが現実です。

理由は、指摘するまでもありません。受験すべき課目が五教科七科目もある国公立大学の場合、その勉強量は膨大です。五教科七科目を完全に理解し、中には徹底的に暗記しなければいけない科目もあります。そう考えると、一年は短すぎる。国公立を志望するならば、すでに一日の猶予もありません。

また数学の配点が高い難関私大の理系に合格するには、数学の克服が絶対条件になります。数学が不得意な人が合格圏内にまで学力を高めるとなると、時間的な条件は国公立と同じといえます。

新学期から受験勉強を始め、一年後の受験で理数系の難関校合格を目指すには、文系志望者に比べ不得意な人が多い暗記科目を重視しなければなりません。とくに力を入れてほしいのが数学同様に配点が高い英語。基本をガッチリ固め、得意科目で勝つ要領で、私大文系の三倍の勉強量をこなすことが必要です。現役生は休日も惜しんで受験勉強に傾注することに尽きると思います。

浪人覚悟の勉強取り組みは厳禁

新高校三年生にとって受験準備は時間的に待ったは無し。とくに出題が五教科七科目もある国公立や難易度の高い私学理数系を希望する受験生に向けて、そのように書いた。

早合点だけでなく、決まって「今から始めても時間が足りないなら、浪人を前提に二年計画で勉強していこう」という声が聞かれます。例年、そのような考えをする人が少なからずいます。その傾向は、公立校の生徒に多く見受けられますが、はっきり言って、浪人覚悟の受験勉強はいい結果を生みません。

三年生一年間は基礎をがっちり固め、浪人生活では入試傾向に即したより実践的な勉強に取り組んで万全を期そう——。一見合理的な受験計画に見えますが、実効があるのは、意志がよほど強いか、目標意識がしっかりしている生徒に限った話です。

大方は、浪人覚悟の受験計画を立てると、現役の一年間は、「受験勉強をしなければ」との意識はあるが、無為に過ごす結果に。現実に浪人生活を迎えて、「一年では、とても五教科七科目はこなせない。東大、京大はもう無理だ。私立に変えよう」と目標を転換するケースがほとんどです。

トップレベルといわれる東大や京大は、一年間の受験勉強だけで突破するのが難しいことは事実です。受験校の場合、一年生の段階から東大や京大を目標にした受験勉強に取り組み、それでも現役合格は難しいのですから…。

野球に例えると、ランニングなど基礎をしっかりこなした投手が投球練習を積み、速い投球ができ、しかもスタミナも切れずに、コントロールも乱れない。それと同じように受験も、高一、高二の間は授業（基礎）をしっかり身に付け、三年生になったら、本格的に実践に即した勉強をしなければなりません。

基礎学力がしっかりついていれば、秋以降にはグングン頭角を現し、難関校に現役合格する場合が多いのです。「現役で合格を」と、懸命に勉強することにより、入試日までのギリギリの緊張感で努力と頭脳と才能を開く気力がみなぎり、直前期には、自分の想像を超える学力の飛躍となって表れる。これは、長年、受験生を教育してきた体験談でもあります。ですから高校三年生が当初から、浪人を前提にした受験勉強に取り組むことは厳禁です。

新受験生への助言

まず志望校の出題傾向を知る

国公立大学や私大理系を目指す受験生の中に、数学で頭を痛めている人が少なくありません。例年四月になると、数学の勉強法を尋ねてくる新受験生が後を絶ちません。

本来なら「絶対に合格レベルまで実力がアップする」勉強法をアドバイスしなければなりませんが、数学だけは、一律に「こうやりなさい」ということはできません。目指す大学で、出題の傾向もレベルもまるで違います。当然、勉強方法が異なるからです。

基本的な勉強法は、積分の領域問題や行列式など「入試典型問題」を数多く解く訓練の積み重ねとなります。また、採点に影響する解法のプロセスの明示や論理の一貫性を身に付ける訓練も入試数学の学習の基本になります。

ところで難関校といわれる大学の出題はどんなものか。東大を事例に説明しましょう。

東大理系の数学出題は六問で、制限時間は百五十分。単純に所要時間を計算すれば一問二十五分で解ければ、全問解答できることに。しかし、入試で全問解答を目指す受験生はまずいません。実際は、二問は捨てて四問に勝負を賭ける受験生がほとんどです。毎年、数学の合格最低点は、四四〇満点中、理Iで二一〇点、理IIで二〇〇点、最も難しいとされている理IIIでも二四〇点前後。裏を返せば、半分くらい得点できれば合格ラインに達することを知っているからです。

問題は最初から四問に絞ることで一問当たりの制限時間は四十分弱に延びるのだが、時間を費やしても、難解なのが東大の数学。その理由は、複数の分野にまたがる〝複合型問題〟が多く、数学的な思考法が問われているからです。とても「入試典型問題」の暗記だけでは太刀打ちできません。

出題傾向は、過去の問題を解いてみると、ある程度分かります。京大などは図形問題が多く、解答時の発想や着想が試され、逆に東大は、複合問題ではあるが基本はオーソドックスな問題で、優れた思考力を試されることが分かります。

いずれにせよ、「基礎こそ到達点」。合格を可能にするのは、やはり基本をしっかり身に付けること。受験勉強を開始するにあたり、目指すべき大学のレベルを知る目安になるのが、過去の出題傾向と難易度です。志望校の過去の問題を解いてみることを勧めます。

難関校はルートの複雑な山に似ている

志望校の選択にあたっては、過去の出題傾向を検証することが重要。

その理由を、登山に例えて、もう少し具体的に説明します。

大学に限らず、受験の難易度に伴う校別ランクが存在します。入学試験では、難関校と中堅校では出題の質が違うので、志望校を決める際は、出題傾向を知ることが重要な意味を持つのです。

標高が低く登山ルートが一本だけの山は、入試に置き換えれば、中堅校以下の出題です。

一つの解答法しかないので、迷う余地はありません。問題が解けるか、解けないかの勝負なのです。この大学を受験する場合は、過去における出題率の高い類型問題や入試典型問題を数多く復習することが受験対策になります。

一方、難関校は標高が高く、登山ルートの攻め方が複雑で多岐にわたる山に似ています。

登山口（問題を見た段階）で、的確なルートを探し出さなければなりません。ルートを見いだしても崖崩れのような障害が隠れていますし、頂上にたどり着ける道（解答法）は、出題を一見しただけでは分かり難いことが多い。

理数系の出題にこの傾向が強く、過去の例では多くの受験生が、これぞと狙いを定めてチャレンジし、立ち往生したら、"次の道"に再挑戦。その繰り返しの中で、どうにか頂上（解答）に到達する。そんな体験をしているのです。

現実には、三通りぐらいの解答方法を身につけておかないと、対応が難しい。その力をつける勉強法は、自分の頭で考え抜く力を養うことに尽きます。

一問解くのに二、三時間要してもいいから、自分の力だけで解く努力をしてほしい。安易に正答集を見たりせず、類似の問題はないか、出題の元になった問題は何か、と参考書や問題集を調べる。それをすることで、一番大事な思考のプロセスが組み立てられるようになります。

最近は結果を急ぐ受験生が多く、分からないと解答編のヒントや答えをすぐ見る。予備校で「解答方法を教えてほしい」というばかりで、自らアプローチ方法を学び取ろうとしない。基礎段階では有効な手段で、誤った考えではないが、難関校受験に不可欠な強靭な思考力の養成は、それだけではだめなのです。

自分の力で考え抜く習慣づけが重要

四月下旬。新学期の授業も本格的に始まりますが、高校三年生にとっては、受験勉強も併せて本格化させる時期でもあります。

現役で中堅校や私大文系受験を目指す場合、この時期から受験勉強を開始しても時間的には十分に間に合います。勉強を進める目安は、定石や基礎的な問題は夏休みまでに終えておくべきでしょう。

残る半年間は実際の入試問題を教材に、徹底して解く訓練を積み重ねるのが、実力をつけるコツといえます。入試問題ほど完成度の高い練習問題はないといわれているのですから…。

参考までに、私立文系を受験する場合、世界史や日本史に替えて、数学を選択した方が非常に有利といわれています。

日本史などは、マニアックな問題が出題される割には受験者の平均点が高いのに対し、数学はマニアックな出題はまず有り得ませんし、概して出題のレベルは平均的なので、合格できる可能性はグッと高まるのが実態です。数学に抵抗感のない人は、念頭に入れておくと良いでしょう。

もう一つの受験対策をアドバイスすれば、出題数と制限時間の配分を身に付けることです。

高校生が体験している中学や高校入試とは、出題方法が大きく異なるからです。

数学を例にすれば、高校受験などでは何十題も出題され、試験時間は六十分前後。また、高校の定期試験も六十分間に十題ほどを解くのが一般的。

それに対して大学受験では、制限時間に比べ出題量は少ない分、三十分から四十分かけても解けないような問題が出題されるわけです。ですから高校受験と同じ勉強法、つまり類型問題を数多くやってパターンを覚えるやり方だけでは通用しません。特に一流校といわれる難関校を目指すのであれば、思考力も問われるので、勉強法は複雑になってきます。

その対策には、過去に出題された東大など一流校の問題集に取り組むことも必要となります。その際は、安易に解答集を見ようとせず、自分の力で考え抜く。その習慣づけこそが重要なポイントになります。

といっても、自分の力だけで、解くのは限界もあります。そのようなとき、身近に考え方のヒントを与えてくれる指導者がいるのが理想です。いない場合は、事情が許す限り予備校などに通うことを勧めます。

苦手の物理は基礎理論習得で克服

必須受験科目の場合でも、嫌いな科目に、物理をあげる受験生が少なくありません。その理由に「受験勉強に時間を費やす割には、得点が伸びない」が一つにあるようです。物理は、それなりに学問体系が存在する科目だけに、取っ付き難いと映るのでしょう。

しかし、理屈さえきちんと理解できれば、苦手意識を抱いている人にもさほど難しい科目ではありません。受験時の目安になる〝得点力〟の面で言っても、数学に比べて伸ばしやすい科目にあげることができます。

「得点が伸びない」が嫌いな理由の人は、もしかすると、勉強のやり方が間違っているのかもしれません。

それは解答法の求め方にあります。「公式を使って解く」というプロセスは、数学と似ていますが、物理は数学との違いを学問体系という点から見ると、まったく異なっているからです。

高校レベルの数学には「なぜこの公式を適用するのか」といった理論説明、つまり基礎理論はほとんど必要としません。分かりやすく言うと、公理に基づいた経験則に頼らざるを得ないのが、高校の数学なのです。

対して物理は、それなりに学問体系のある科目といえます。物理は高校生が学ぶ理科の中で、初歩の部に属しますが、学問体系に沿いながら「こうだからこうだ」という風に、理詰めで考えていくことが不可欠です。それができれば、自然と答えが導き出せる科目が物理なのです。

一例をあげれば、高校生が習う力学は、運動方程式系と運動量系とエネルギー系の三つしかなく、それぞれが論理的に説明されています。その基礎理論をきちんと理解できれば、ある程度の問題は難なく解けるようになり、受験本番でも得点力がアップするようになります。

物理が伸びない、苦手だと悩んでいる人の多くは、そのことを理解できずに、「こういう問題にはこの公式を適用する」といった、公式の適用法をメーンにした間違った勉強をしているケースがほとんど。それでは物理は伸びません。力を付ける物理の勉強法は、地道ですが、基礎学習となる公式の適用法を習得できるまで、しっかりとやることに尽きます。そのうえで、複合問題に数多く挑戦し、基礎学力の反復練習を行う中で、粘り強い思考力を磨いてほしい。

読解力つけるため新聞読む習慣を

受験勉強の在り方について書いてみたい。

受験勉強法といえば、受験生の多くは参考書や問題集と首っ引き。そうしなければ、受験に勝てない。そのような思い込みが受験生だけでなく家族や先生にもあるようです。しかし、それは必ずしも適切な勉強方法とは言い難い。とくに現代国語や社会においては…。

では、どんな勉強法をしたら良いのか。私は、欠かさず新聞を読むことを日課に加えるよう勧めています。

その理由は、出題傾向を分析すると、入試における現代国語では、読解力を問う設問が大半で、文学史などの知識を問う設問はごくわずか。その傾向はレベルの高い大学ほど顕著で、難関校では八割方を読解力を問う問題が占めています。受験勉強は、入試に即応したものでなければいけないわけで、予備校では読解力の養成にポイントを置いた指導を行っています。

読解力を付ける勉強法の一つは読書です。子供のころから読書に慣れ親しんでいる人は、自然に読解力も培われており、特段の勉強は必要ないかと思います。そうでない場合は、活字を読む習慣をつけることから始めざるを得ません。そこで勧めるのが新聞です。私は、日課として新聞を読んでいれば、読解力も高まり、結果として受験国語の得点力をアップさせる近道になる、と信じています。

新聞の読み方ですが、とりわけ入念に読む必要があるのが、文化欄などの評論文です。入試によく出題される文章のほとんどは、評論など論理的な文章。文化欄には大学教授や評論家の評論が載っていますが、新聞に掲載された文章がそのまま入試に引用されることが多いので、くまなく読むことがそのまま受験対策にもなります。

ところで入試で出題の多い評論家を表して、五大評論家という言い方をします。養老孟司、大岡信、山崎正和、外山滋比古、加藤周一の五氏です。読書をする場合は、入試の出題率も高いこの五人の作品を勧めます。もう一つ、新聞のコラムなどから引用した出題が多いのも最近の傾向です。産経新聞では「正論」がそうです。

新聞は単に読むだけでなく、どんな内容が書かれてあったのか、字数を決めてまとめると、より一層、読解力と論旨要約力を同時に磨け、新聞はいい教材になります。

日記をつけて自分の考え整理しよう

効果的に受験国語の読解力と論旨要約力をアップさせる方法の一つは新聞を読むこと。そう勧めましたが、今度は日記の効用について書きたいと思う。

さて何人くらいの受験生が日記をつけているのでしょうか。想像するに、三割にも満たないかもしれません。日記を書かない理由は、時間がない、書き方が分からない、などいろいろでしょうが、大学進学を目指すなら、日記をつけてほしい。

日記をつけることを難しくとらえる必要はありません。天気、出来事、その日の勉強内容、友達との会話、読んだ本や見た映画の感想など、メモ程度でも十分です。まずは書き続けること。それが大事です。

私は浪人時代に、岩波新書で梅棹忠夫著の「知的生産の技術」という本に出合い、その中にレオナルド・ダ・ビンチの「発見の手帳」という記載があったのに感心し、それ以来、今日まで続けています。梅棹氏の薦める「京大式カード」というのは、全く実行できませんでしたが…。

私の日記帳は、発見したことや発想を何でも書き留める雑記帳のようなもので、これまでに日記を含め二百冊以上になりました。日記を書く習慣性を付けるには、立派な日記帳よりは、手帳の方が便利かもしれません。新しい手帳を買い求める際、スケジュール欄に余白の多いものがベスト。その日あったことを余白部分に数行を書くだけで日記になり、気が乗って長文を書くことも可能です。常に携行していれば、ちょっと空いた時間や通学の車内でも気軽に書けるので〝三日坊主〟になることも少ないでしょう。

本題の日記をつける効用ですが、最大は、自分の考えや行動を整理できることだと思います。文章を書くことは、物事を客観的に考えることになりますから、必然的に自分の考えが整理されるようになります。日記は、その意味で、自分の考えを整理したり、思考を楽しむ最高のツールといえるでしょう。当然、書き続けることが文章力の上達につながり、ひいては論述式問題や小論文の受験対策となります。

加えて、日記をつけ、生活や行動を顧みることが、時間を大事にし、メリハリある生活を心掛けねばという意識を芽生えさせます。その付随効果は長丁場の受験生活に生じがちなダレを防ぐ役割も果たします。

小論文対策は不可欠の課題

入試に小論文を課す大学が増えつつあります。これからの受験対策に小論文が不可欠な課題となってきました。

小論文が受験対策にとって悩ましいのは、第一に方程式が存在しないこと。それだけに出題傾向もつかめず、数学や国語みたいに、確立された受験勉強法がない点でしょう。受験生の中には、どんなテーマの小論文が課せられるか、想定できなければ対策を立てようもない、と開き直って、「ぶっつけ本番だ」という人がいます。

しかし、受験に無手勝流のぶっつけ本番は通用しませんし、その考えは間違いです。受験は、教科を問わず、日ごろの準備（傾向と対策）は欠かせません。小論文の勉強法では、最初に課題を決め、そのテーマに沿った論理の展開、文章表現力を磨く練習の積み重ねが効果的です。

テーマとする課題は、「学生生活のこと」「人生のこと」「未来の夢」「社会のこと」など。一つに絞らず、四テーマほどをピックアップし、あらゆる角度から、身近な問題について、自分の考えの理論構築を試みる。基本は、テーマに即して明確な論理展開と文章構成ができるようになるまで推敲を重ねること。

論文の構成方法は、双括法（新聞記事のように、最初と最後に二つ結論がある文）でも尾括法でも、自分の得意とするやり方で構いません。要は自分に適した小論文のヒナ形がつくれれば、どんな課題が出題されても柔軟に対応できるようになります。

小論文といっても特別身構える必要性はありません。明快な論理展開と文章構成力を身に付ければ、他の入試教科と同じ。得点ポイントである結論の導き出し方、その理論づけに、小論文は勝負の分かれ目があるといわれています。

重要なのは結論の落としどころ。課題とかけ離れた人生観が結論づけだったとしても、論理的な個人の意見であれば、得点につながるのが、小論文試験の特色です。その際、力を発揮するのが、受験勉強で培った〝引き出し〟。人生問題、学生生活の問題、社会問題、未来観…。取り組んだテーマの数が多い人ほど、的確な結論導入ができるのです。

小論文の受験勉強を通じ、効果的に自分の考えをアピールできる文章表現力を磨きましょう。

参考書、問題集の〝浮気〟は禁物

受験生で、参考書や問題集を次々と替える人がいます。これをすると力が落ちるので、予備校や参考書などの〝浮気〟はしないに限ります。

受験用の参考書や問題集に多くの受験生に支持されているベストセラーがありますが、選択の目安にはなりますが、ベストセラーといわれる参考書、問題集を使ったからといって合格が保証されるものではありません。受験参考書や問題集は、良い物をそろえることに意義があるのではなく、使いこなし、問題集を反復勉強したかが、入試における実力となって表れるのです。

大事なのは、問題集を全部消化できたか否か、頭に入るまで何回も反復したか。地道に問題集を三回も四回もこなした人と、食い散らすように、複数の問題集を少しずつかじって、どれも中途半端に終わった人では、どちらに実力が付いたかは言うまでもない。そのことをまず考える必要があります。

受験生の中に、やたらと参考書や問題集に詳しい人がいます。私は「受験参考書プロ」と呼んでいますが、そういう人が模擬試験を受けると、豊富な情報量を持ち合わせている割には、偏差値はだいたい五五前後の人が多い。二浪、三浪の人によく見られる現象です。

対照的に、偏差値が六〇、七〇と高い受験生は、一つの問題集を最後までじっくりとやっている人が多いはずです。長年の受験指導の体験からも、問題を解いた数だけ、解答力を身につけており、模試の成績は無論のこと入試の合格率も高い。

どちらかといえば、受験参考書プロは、参考書や問題集は知っていても、肝心の問題を解く努力をおろそかにしているため、何回も入試に苦労する羽目に。多様な問題集が存在していることを知るのは、受験情報の一つですが、別に参考書や問題集の評論家になる必要はありません。目指すは、受験問題解答プロなのですから。

長丁場になる受験の中では、「この問題集でよいのだろうか。他にもっとよい問題集が…」と、迷いが生じる場合もあります。ですが〝浮気〟を繰り返していると、時間ばかりを浪費し、肝心要の偏差値を上げられません。結論は、自分の選んだ参考書と問題集を「最高のテキストだ」と信じることです。

大切なのは、確実な入試突破の実力をつけること。それを忘れずに。

現役生に最適な「漆塗り式勉強法」

私の予備校では、受験生に「漆塗り式勉強法」というやり方を勧めています。漆塗りの家具や漆器を作る際、何度も重ね塗りをする技法を参考にした勉強法です。

具体的には、漆職人が漆を塗りあげていくように、一冊の問題集を何度も解くというやり方で、問題集に取り組ませています。

予備校で実施している勉強法を説明しますと、二題飛ばしで問題に取り組みます。一番目が解けたら四番目、次は七番目という具合に。この方法だと、意外に早く問題集の最後まで行き着くことができます。

現役生で、授業で習っていない設問がある場合は、その個所を教科書で読ませ、それから解くように勧めています。この時の注意点は、参考書を見てはいけません。参考書を見ると枝葉末節の迷路に陥り、次に進めなくなるからです。授業で学んでいないところは、完全解答は無理かもしれませんが、パスをせずに挑戦し、答え合わせの時に正答を覚え込むようにします。

この答え覚えのやり方は、有効な勉強法として有名です。この二題飛ばしで最後までやると、漆が一回塗れたことになります。次は二番、五番、八番目と、同じように二題飛ばして進んでいく。三度目も三、六、九番目という順序で問題集をこなし終えると、漆を三回重ね塗りしたのと同じ効果があり、入試範囲の全容がわかるので、実力にムラのない受験勉強になります。

この漆塗り勉強法で問題集をやり遂げると、現役生も早い段階で、入試時に標準を合わせた問題集を完全に消化できることになります。日本史の入試問題は、江戸時代が最も多く出題されますが、高校三年生が授業で江戸時代を習うのは、入試目前の十二月か一月ですから、冬休み前に模擬試験を受けても、点数が悪いのは当然です。その点、漆塗り勉強法を取り入れた受験生は、そのハンデもなく、模擬テストの点数は二〇点、三〇点と上がるはずです。

何よりも、問題集を最後までやり終えたという達成感があるので、以後のやる気を持続させる効果もでます。

受験勉強のコツは、まず実際の入試問題になじむことです。それが合格力に直結するのです。とかく勉強が遅れがちの現役生は一度、「漆塗り式勉強法」を試してみてはいかがでしょうか。

受験考

迷ったら進学の意義問い直す

七月。時間の足りない受験生にとっては、気の焦る時期です。また同時に、夏休みに心ざわめくのか、勉強が手につかなくなる受験生も少なくありません。そのような子供の急変に直面すると、親の多くは、「そんなことでは志望校に合格できない」と、精いっぱいの叱咤激励します。でも、そのやり方は、厳しい言い方ですが、それほど効果はありません。むしろ逆効果になるケースさえあります。

経験則で言いますと、勉強に身が入らない受験生に共通しているのが、「受験勉強をさせられている」という心理。一方、親の方も「気分よく勉強をやらせ、良い大学に入ってもらわなければ」との意識が強く、腫れ物に触れるような接し方をしがちです。

基本的に、大学進学は、自分が描いた人生を歩むために必要な選択肢の一つにすぎません。私も、予備校で「受験は自分で選択した道だろう。ならば、自分で道を開く努力をしなければいけないじゃないか」と、言い聞かせています。それを本末転倒した受験生が「やらされている」と勘違いしているのです。

極端なことを言えば、行きたくない人は、大学進学の必要などありません。進学したい気持ちがあれば、「これほど勉強したことはない」と思えるほど、勉強する受験期を体験しておくことも、人生の大きな財産になるのです。

受験生にとって最大の褒美は「あんなにやれたんだ」という経験。それに付随した有名大学、一流大学に合格したかは、別の次元の話で、「頑張り通した」という体験こそが、自分を支える自信になるという点で重要です。そのことが、社会人になってから、どれほど役立っているかは、大学受験を経験した親ならば、実感しているのではないでしょうか。

ところが、嫌々ながら受験に臨んでいる子は、親や先生に「押しつけられた受験」と勘違いしているため、受験が辛くなるこの時期に行き詰まってしまう。

原点に戻って、もう一度、何のため、誰のための受験かを考え直すことです。

その点を正しく理解できれば、先憂後楽の意味するところも分かり、遊びに走る気持を抑えられるでしょう。

結論は、勉強は大変だが、受動態的な勉強から、積極的な勉強に転換することが解決の道。

親より第三者のアドバイスが効果的

お母さん方に多いタイプですが、スランプに陥って勉強が手につかない子を励ますつもりで言った苦言が、子供の予想外の反発を招き、困り果てた末に相談に訪れる人がいます。

受験生に限らず、今どきの子には、親の「頑張るのよ」の励ましさえも「うざったい」。周囲を見回せば、親の小言に聞く耳を持たない高校生の多さに驚くばかり。親よりも、クラブの尊敬できる先輩を筆頭に、友人などの苦言や助言には素直に従う傾向があります。多少、独断になりますが、子供が相談を持ち掛けたり、忠告を受け入れる順位は、先輩・友人―学校や塾・予備校の先生。次いで兄弟姉妹。残念ながら親は最後といえます。

ですから、親の言うことに耳を貸さなくなった場合は、何を言っても馬耳東風なのです。そうなったら、子供が信頼を寄せる先生など第三者にアドバイスを依頼した方が賢明で、効果的な解決策になります。

現実には難しいことですが、平素から子供の尊敬する先輩、先生は誰なのか、子供の交友関係などを把握しておく必要があります。できれば、子供を介さなくとも、相談ができる関係ができているのが理想で、先輩や友人とは無理としても、学校、塾あるいは予備校の先生とは緊密に連絡を取り合う日ごろの努力が欠かせません。相談を受ける親の多くは、こうした努力を怠ったまま、子供とのコミュニケーション・ギャップに悩んでいます。

子供の方も、受験期が子供から大人への脱皮期と重なり、複雑な心理状況にあります。高校生にみられる親への反抗心は、言い換えれば、親離れの表れ。その兆候を感じたら、大人扱いをすることです。いつまでも子ども扱いをし、「勉強、勉強」と追い立てるのは逆効果で、時には自主性を尊重し、見守ることも肝要です。

多感期にある受験生は些細なことで、勉強のペースが乱れることが多々あり、これが受験を難しくさせているのです。その原因は、学校やクラブ活動など千差万別ですが、親子関係もかなりの部分を占めています。

少子化社会の弊害なのでしょうか、子供にかける親の情熱が大きいあまりに、子供はそのプレッシャーに、もがき苦しむ。その悪循環から解放されるためにも、第三者に助言を求めてください。

夏を征する秘訣は「遊ばないこと」

受験勉強の天王山、夏休み。

受験界には、「夏を征する者は入試を征す」との格言があるように、夏休みの過ごし方が合否のカギを握っています。受験生は無論ですが、両親も過ごし方のポイントを、しっかりと押さえておいてほしいと思います。

学生が約四十日間、自由に過ごせるのは、夏休み以外にありません。それだけに、自己管理は非常に難しく、遊び癖が付いて、肝心の秋を迎えても受験勉強に身が入らない、といったケースも。後悔しないためには、徹底したスケジュール管理、自己管理ができなければ、夏休みの貴重な時間を有効に使いこなすことはできないのです。家族は、そこをしっかりと見守って、気の緩みを感じ取ったら、助言をしてほしいと思います。

一番の有効策は、現役生の場合、高校で補習授業を実施しているのならば、ぜひ参加することを強くお勧めします。

学校の先生は、子供の実力を最もよく把握しているので、成果が期待できますし、補習授業期間中は毎日通学せざるを得ない関係で、夜ふかしや朝寝坊で、生活のリズムを大きく崩す心配もありません。

補習授業がない学校ならば、予備校の夏期講習に参加する方法もあります。予備校の夏期講習は、基礎力の要請に主眼が置かれており、四―七月の学習の総まとめ、復習をメーンにしているところがほとんどです。その点、勉強が遅れ気味の受験生には打って付けといえるでしょう。高校の補習授業は夏休みの最初と最後の各十日間と限定されていることが多いのに対し、予備校の夏期講習はほぼ毎日行われていますので、スケジュール管理という面からもお勧めです。

私は、夏を征する秘訣は、「遊ばないこと」だと考えています。肩ひじ張って「夏に賭ける」と意気込むのではなく、薄型の問題集を何冊かやる、涼しい図書館などを利用して毎日、規則正しく勉強する。

この「遊ばないことのチャレンジ」こそが、夏を征するためのキーワードとなるものです。ですから、私の予備校では、夏に遊ばせない各種の工夫を凝らしています。要は「いつの間にか夏休みが終わり、気が付いたら、こんなに入試問題を解いていた夏」というのが、実は大成功した人の受験前の夏休みなのです。

苦手科目克服も夏休みの重要な課題

夏休み中は、高校の補習授業や予備校の夏期講習を活用して基礎学力の養成に努めるべき。──そう書きましたが、関連して、もう一つ重要なのが、苦手科目の克服です。

受験をする場合、苦手科目をそのまま放置しているのは、文字通り致命傷です。とくに得点配分の高い数学や英語が苦手では、話になりません。ですから、授業などの制約を受けない夏休みを活用し、基礎が理解できるまで、しっかり勉強する必要があります。

苦手の要因は、生理的なケースを否定しませんが、基本的には、基礎が理解できていないことに起因しています。ということは、基礎を理解できれば、苦手科目は克服できるはずです。

「基礎は理解しているのだが、数学はどうも苦手だ」。そんなことは、まずあり得ません。基礎学力があれば、大方の試験は、平均点は取れるものです。苦手意識があるとの弁解は、基礎がわかっていない逃げ口実に過ぎません。

ですから、まとまった時間がとれる夏休みは、苦手科目克服の絶好のチャンスととらえ、基礎の勉強に集中してほしい。勉強法は、基礎を中心に苦手科目を毎日欠かさず勉強するのがポイント。

私は「不得意科の悪循環」と呼んでいますが、苦手科目は、後回しにしがちで、勉強量が少ないのも苦手の一因になっているので、毎日の勉強は、苦手な科目から始めてほしい。

英語を例にすれば、単語を一日何個、熟語を何文と決めて暗記に努めれば、毎日繰り返すことで、知らず知らずのうちに基礎力がつき、案外得意な科目になっているかもしれません。

一人で、毎日勉強する自信がない場合は、予備校の夏期講習に参加する方法もあります。予備校の夏期講習は、科目ごとにコース設定されているのが一般的で、苦手科目だけを集中的に選択も可能です。

中には、「不得意科目は捨てて得意科目を伸ばした方が受験に有利」という考えの受験生もいます。一理ありますが、入試の合否は総合力で決まることを考えれば、不得意科目をなくすことがやはり近道といえます。

もちろん、科目ごとの偏差値にほとんど差がない受験生はこの対象外です。夏休みであっても、配点の多い科目に重点を置く勉強法が重要なのは言うまでもありません。

勉強の環境づくりと自己管理を

「夏こそが受験の天王山。頑張り抜いて、一歩でも志望校合格に近づくぞ！」。意気込みはすごかったのですが、夏休みが終わってみれば、残ったのは敗北感だけ…。このような受験生の事例は山ほどあります。

挫折の原因は、分析を待つまでもなく、自己管理ができないことに尽きます。

夏休みは、遊びなどの誘惑が多く、自己管理に不安な現役の人は、高校の補習授業を受講しなさい、と勧めているのもそのためです。

課題は補習授業のない日の勉強法です。補習授業は、一般に通算二十日ぐらいなので、夏休みの半分は、自習にならざるを得ません。

挫折の要因は、その際の勉強法の在り方です。計画どおりに一人黙々と勉強をこなすのは、強い精神力を要し、ストレスと苦難を伴います。

勉強が行き詰まった場合やストレスを感じたときは、気分転換に、勉強場所の変更も効果的で、多くの受験生が取り入れています。

午前中は自宅で、午後は図書館、夜は自宅と勉強場所の環境を変えるのも一考でしょう。また、自己管理に自信が持てない人は、家族の生活リズムに合わせるやり方もあります。

時間に規則正しい公務員やサラリーマンが理想ですが、自分の行動をお父さんの起床、朝食、出勤、帰宅に重ね合わせるわけです。朝は一緒に家を出て、図書館や予備校で勉強し、同じ時間に帰宅すれば、父親の勤務時間並みに最低八時間は勉強できます。そのメリットは、生活にメリハリがつくうえ、自己管理の失敗を回避できること。

もう一つ、究極の勉強場所があります。喫茶店やファミリーレストランの活用です。私は、原稿を執筆するとき、必ずと言っていいほど、デスク代わりに利用しています。時間を気にしないで済む二十四時間営業の店がお勧めで、原稿を書き上げるのに、三十時間以上も居続けたこともありました。体験上も勉強に集中するには打って付けの場所と考えています。長居する際は、食欲に関係なく、ある程度の間隔で飲食物を注文するのがルールですが…。

要は、勉強せざるを得ない環境を自ら演出すること。受験期の中でも大事な夏休みを、やる気が起きない、飽きたなどの理由をつけて、漫然と過ごすのではなく、自らを喚起する知恵と工夫が必要なのです。

夏の健康管理に家族も細心の注意を

勉強に集中が求められる受験生にとって、健康は大事な資本です。夏休みも中盤を迎えると、心身の疲れも蓄積し、体調を崩す受験生が少なくありません。全国的な猛暑に見舞われる夏は、健康管理は大変です。

受験生が体調を崩す原因は、不規則な生活が主な引き金になっているようです。勉強や遊びによる睡眠不足。時には、友達との暴飲暴食…。二十四時間が自由に使える夏休みは、ちょっとした気の緩みで、生活のリズムが乱れがちです。その揚げ句、体調を崩せば、受験勉強計画に狂いが生じ、貴重な夏休みを無為に過ごすことになりかねません。

家族には、その辺りをしっかり見守ってほしいとお願いしたい。といって過保護になるのは考えものです。

以前、こんなお母さんに会いました。

「うちの子は虚弱体質なのですが、負けず嫌いなところがあって、毎日夜遅くまで勉強します。私は身体が心配で無理をしないように注意をしているんです」

想像するに、「受験勉強、大変ね」「体は大丈夫？」「疲れない？」と毎日連発しているのでしょうが、これは感心できません。

健康を気遣うのは理解できますが、顔を合わせる度に「大丈夫?」と言われ続けたら、心理的に「受験勉強は大変なんだ…」という気持ちに陥らせ、勉強から逃げ出したい気持ちにさせてしまいます。

「病は気から」ということわざもあるように、暗示の恐ろしさは、「顔色が悪いよ」と言われ続けると、健康な人も、病気にならざるを得ない状況にしてしまうことさえあります。

「大丈夫?」と声をかけるより、不規則な生活をさせない気配りが重要と考えます。規則正しい生活の基本は食事です。三食決まった時間に取らせれば、体内時計が正確に働き、リズム正しい生活が保て、勉強の能率もあがるようになるはずです。

夏休みも後半に入り、受験生のストレスもピークに達していることでしょう。この時期は、遊びの誘惑との戦いです。親御さんも、受験生の行動と健康管理には細心の注意を払っていただきたい。

受験勉強は、今が、前半の胸突き八丁。これを無事に乗り越えれば、勉強も楽になり、必ず未来が見えてきます。

パソコン"封印"勉強に専念しよう

今度は少し角度を変えて、受験生とパソコンの"功罪"について書いてみたい。

昨今は「パソコンを自由自在に使いこなせないと、一人前じゃない」というような社会風潮もあって、中学生や高校生になると、パソコンを買って与える家庭が少なくありません。

しかし、受験生にとってパソコンは「百害あって一利なし」とは言わないまでも、マイナス面の方が大きい。

その代表例が、漢字の書けない若者が増えていること。今のパソコンはうろ覚えの漢字でも、言葉をキーボードに打つだけで、適切な漢字が表示される漢字変換機能を搭載している。このため辞書をひき、手書きすることで正しい漢字を覚えるという行為が、高校生の間で薄らいでいるのが実態です。辞書を引かないから、漢字の意味などの知識も乏しくなる。

忘れては困るのが、入試はすべて手書きという現実。仮にパソコンに表示された漢字を見て「確か、この字だ」と見分けがついても、国語の試験で実際に書けなければ、何の役にも立ちません。時代が進んだとはいえ、試験場にパソコン持ち込みを許可した話は聞いたことがありません。

結論を先に書けば、受験勉強にパソコンは不要と断言します。

これは、受験生を抱える親へのアドバイスになりますが、若者にとってパソコンは、刺激のある遊び道具でもあります。朝から晩まで、メールやチャットをはじめゲームなどに夢中で、勉強どころではない人もいます。よほど自制心の強い子でない限り、安易にパソコンを与えるのは考えものでしょう。インターネットなどで、欠かせない物ならば、家族共用に居間などに置き、少なくとも受験勉強の妨げになる子供部屋からはパソコンの排除を勧めます。

受験期にパソコンを封印したからといって、子供の将来に支障など生じません。若者にとって、パソコン操作は難しいものではなく、早期教育など必要としません。

ただ、個人用に与えている場合は、話し合いが必要で、問答無用で取り上げると、ヘソを曲げて受験勉強を投げ出す子供もいますので、逆効果にならないよう注意を払ってください。

受験に大事なのは、知識の蓄積。そのことを納得させれば、受験期に限定した排除など、何の問題もありません。

家庭教師選び

何のためにつけるのか、目的を明確に

夏休みも終わる時期、子供の成績が伸びないことに、「家庭教師をつけなければ」とイライラを募らせている保護者もおられるはず。失敗しないために家庭教師選びのアドバイスをしたい。

塾や予備校に通わせるのに比べ、経済的な負担は、個人指導の家庭教師の方が大きい。それだけに、親は、塾や予備校よりも高い効果を期待しています。ですが、単に家庭教師をつければよい、というわけではありません。深く考えずに家庭教師をつけると、期待するほどの効果が得られないばかりか、アダになることもありますので、十分注意が必要です。

家庭教師を考える場合は、何のためにつけるのか、目的をはっきりさせることが大切です。

具体的には、勉強の習慣を身につけさせるためなのか、基礎力の増強なのか、それとも、難関校を突破するだけの学力を養成するためなのか。目的を明確にすることが肝心です。目的が明確になれば、適切な家庭教師を選ぶ目安もつきます。例えば、勉強の習慣や基礎学力の養成が主眼であれば、大学生の家庭教師でも大丈夫でしょう。年齢が近いことから、子供の親近感も得やすく、子供がスムーズに受け入れるかもしれません。

しかし、難関校を突破できる学力の養成が目的ならば、学生アルバイトの家庭教師では荷が重すぎます。やはり家庭教師を職業にしているプロに依頼すべきでしょう。

一口にプロといっても経験、実績はまちまち。難関校に何人も合格させた実績を持つ、文字どおりのプロばかりではありません。なかには、経験、実績ともに乏しい家庭教師もおり、そのような人を選んでしまうと、難関校への合格はかなり厳しいのが現実です。

理想は、教えることが上手な現職の高校や予備校の先生です。しかし、アルバイトとはいえ、家庭教師をする現職の先生は少ない。依頼するとなると、紹介してくれる強力な〝コネ〟がないと、出会うことさえ難しいと聞きます。

このため、家庭教師の派遣や紹介を専門とする会社を介して依頼するのが一般的。その際の注意点は、人選を会社任せにせず、紹介を受けた家庭教師個々の経験・実績を綿密にチェックすることをお忘れなく。高い月謝を払って、家庭教師をつけるのですから。

続家庭教師選び

成績上がらぬ場合"クビ"にする覚悟も

子供に家庭教師をつけるとき、誰しも「良い、能力の高い先生を」と願います。ところで、良い家庭教師、能力の高い家庭教師の条件とは、何を尺度に決めるのでしょうか。

第一に、教え方が上手であることです。当たり前の話ですが、子供が理解し難い内容でも、子供のレベルに合わせて、理解させる能力を身につけていなければ、何の役にも立ちません。学力が伸ばせなければ、どんなに人柄が誠実であろうと、指導に熱心であろうと、良い家庭教師の評価は得られません。

第二の条件は、子供の学習意欲を引き出す能力にたけていることです。教え方が上手であることと重複するかもしれませんが、学習意欲を高めることが成績上達にも結びつくわけで、学習意欲を引き出すことも重要な要素になります。

意外に重要なのが、教師と子供の相性。フィーリングが合うかどうかも非常に大切です。

大勢の生徒を同時に教える学校、予備校、塾の場合は、先生と児童・生徒との相性の善しあしはさほど問題ではありませんが、一対一で教える家庭教師の場合は、最悪の場合、相性が合わないばかりに、子供が勉強を投げ出してしまうケースもあります。子供の学習意欲を減退させる原因は、このようなケースが意外に多いというのが実態です。

この三点が大きくは選択肢の条件に挙げられます。家庭教師をつけたのに成績が急降下した、では何の意味もありません。万一、経験も実績も豊富な先生をつけたにもかかわらず、成績が思うように伸びない場合は、教師の能力を疑う前に、子供に相性を聞くことを勧めます。相性は悪いだけが問題ではなく、合いすぎて友達感覚で、勉強をそっちのけで遊び合って時間を費やしている場合もありますので、その点も要注意になります。

最悪の状態に直面した際は心を鬼にしてでも家庭教師をクビにすることです。

人間関係を気にするあまり、ズルズルと時間をかけても、問題は解決しませんし、一秒をも惜しい受験生にとって、取り返しのつかない事態になりかねません。

受験生がこの時期になって問題集や参考書の浮気をするのは禁物ですが、こと家庭教師に関しては例外です。より柔軟に家庭教師を代えるか、予備校などへ針路を変更することも一考です。

実践受験対策

志望校の出題傾向を知り弱点補強

長かった夏休みが終わると、いよいよ受験勉強は実践モードに入る。夏休みを振り返って、勉強が計画通りに進み、一層やる気に燃えている受験生がいる一方、期待した成果が上がらず、不安感や焦燥感にさいなまれている受験生もいることと思います。しかし、過去を引きずる形で、いたずらに焦ったところで合格は望めません。ここは一つ、視点を切り替えて、試験日までの限られた時間を有効に使うことを勧めます。

実践に即した受験対策に、効果的な一例を挙げると、入試に出題された過去の問題を活用した勉強法です。

入試問題は、大学側の「志望者には、この程度の問題は解いてほしい」というメッセージでもあります。出題からそのメッセージを読み取り、十分に応えられなければ、合格は難しくなります。過去の問題はそれを知る大きな手がかりです。志望校もある程度の絞り込みを終えたこの時期は、ぜひとも、第一志望校―第三志望校の過去の問題を入手し①出題傾向（どんな問題が出題されるのか）②出題方式（記述式が多いか、選択問題が多いかなど）③難易度（どれくらいのレベルの問題が出題されるのか）④合格点（何点くらいとれば合格できるのか）を含めて、実践的な傾向と対策を練ってほしいところです。

入試では、同じ問題が出題されるケースはまずあり得ませんが、大学には、それぞれ特徴的な出題傾向や出題方式があります。センター試験がよい例で、頻繁に出題される分野を中心に勉強すれば、効果的であるのはいうまでもありません。また、難易度や合格点を知れば、どこまで踏み込んで勉強をすべきなのか、到達目標が明確になります。その結果、いたずらに掘り下げるといった無駄が省け、より効率的な勉強ができます。

入試本番まであと半年あまり。残された時間をフルに活用するためにも、志望校の出題傾向を知り、問題形式に慣れておくことは必要不可欠です。孫子の兵法にいう「敵を知り己を知らば、百戦危うからず」です。

過去の問題を通じて志望校の出題傾向を知り、着実に自分の弱点を補強する。その努力を怠らなければ、必ずや合格の栄冠を勝ち取れる。そう信じて、これからの受験勉強に邁進することが大切です。

間違えた問題は正解できるまで挑戦

過去の問題に取り組む目的は、いま述べたように①出題傾向②出題方式③難易度④合格点を知り、これからの受験勉強に役立てることにあります。出題傾向などがつかめれば目的は達成したことになりますが、それを一歩深く進めるのが、受験対策の極意です。

せっかく志望校の出題と取り組むのですから、本番に即した受験対策の場に活用すべきです。どうするのか。

第一は、実際の入試と同じ制限時間を設定して問題に取り組むこと。試験時間が六十分なら六十分以内で挑戦し、時間配分を感覚的に身に付ける訓練です。

二番目は、きっちりとした正答チェック。正解できなかった問題は、正解できるまで、徹底的に攻略する心構えが必要です。間違えた場合は、単なるケアレスミスなのか、知識不足が原因のミスなのか、考え方が根本的に間違えていたためのミスなのか、きちんと確認して、必ず正解が書けるようにしておく。

正答が手元にある過去問題にチャレンジしながら、正解できなかった問題をほったらかしにする受験生もいます。そのような受験生に限って、他の問題集をやっても、間違いを放置したまま、次の問題、次の問題と単に消化することだけに走っているのではないかと思います。過去問題であれ問題集であれ、間違えた問題は、正解できるまで必ず何度も何度も繰り返しチャレンジする。これが必勝の受験勉強法なことをお忘れなく。

もう一つ、過去問題をやる際は、年度別に全教科を処理するやり方ではなく、教科別に取り組むこと。これも大切な心構えの一つです。英語なら英語だけ、数学なら数学だけを古い年代順にやっていけば、出題傾向や出題方式がはっきりして、自分がどの分野に力を入れて受験対策を進めればよいか、勉強法が明確になるからです。

受験生にとって最も気になる合格点ですが、ほとんどの学校が配点を非公開にしている関係上、正確な得点を計算するのは困難なのが実情です。とりわけ記述式問題の得点計算は難しく、大体の得点を自己判定するしかありません。正確な配点が不明なのはもどかしい限りですが、出題数などから、おおまかな得点を割り出すことは可能なはずです。

今の段階で、合格点に達しているかに、神経を使う必要はありません。

模試を受ける意義、メリットを理解

受験勉強はある意味で単調な〝作業〟の連続です。英単語の暗記などは嫌になるくらい単調で、かなりの根気を要します。それを乗り越えなければ、入試突破に必要な膨大な単語を覚えるのは困難です。

受験勉強は、コツコツと努力を積み重ねているつもりでも、知らず知らずのうちにペースダウンしていることも珍しくありません。それを防ぐのが模擬試験です。

予備校などが実施している模試を定期的に受験すれば、緊張感も持続でき、勉強のペースダウンも避けられます。秋は有力な模試がめじろ押しなので、積極的に受けて、勉強のメリハリに役立ててほしい。

注意したいのは模試の落とし穴。模試のたびに偏差値が「上がった」「下がった」と一喜一憂するケースです。偏差値に振り回されては、模試を受ける効果は半減してしまいます。そうならないためには、模試を受ける意義、メリットをしっかり理解しておく必要があります。

全国模試ならば、大学を目指すほとんどの受験生が受けますので、自分の実力を計るのに最適です。自分の置かれている実力やレベルはどの程度なのか、合格圏内に到達しているのか、それらを知る唯一の手段といっても過言ではありません。

模試では、学校の定期試験とは異なり、あらかじめ出題範囲が設定されてはいません。いうなれば本番同様に「出たところ勝負」です。学校のテストのような丸暗記という対策は通用せず、理解できていない個所や現時点での課題が明確に表れます。言い換えれば、模試とは、自分の弱点探しの手段でもあるわけです。ただ、現役の場合は、まだ、実際の入試を念頭に置く模試は、統計的に出題率の高いものが問題にでるので、授業で習っていない設問もあります。その場合は、結果が芳しくなくとも、その問題は差し引いて評価する必要があるでしょう。

しかし、受験対策を模試を中心に考えれば、カリキュラムと関係なく、ひととおり教科書を先に進め、問題集も二題、三題飛ばしで、満遍なく勉強しなければなりません。

模試は、本番のシミュレーションができる点もメリットの一つです。知らない顔に囲まれて受験する緊張感に慣れておくことが本番に役立つのは言うまでもありません。

模試こそ確実な弱点補強法

先ほどは、模擬試験から得られるメリットについて書きました。ここでは、貴重な時間と受験料を無駄にしないための、受験に際しての注意点などをアドバイスします。

模試受験の目的は一つに、入試本番の緊張感に慣れること。そのメリットを生かすには、試験会場の選択が重要です。志望する大学が試験会場になっていれば、迷わずそこを選ぶ。会場に志望校が含まれていない場合は、可能な限り通学する高校の学区以外を選び、絶対に友人などと連れ合って受験しないことが肝心です。志望校で受験するメリットは、労せずして入試会場の下見ができることに加え、受験に向けたモチベーションを高められる利点があります。

模試を最大限に活用する二点目は、受験後の復習です。

模試が終わったら、まず、しっかりと答え合わせをし、正解できなかった問題や出題個所は、完全にマスターできるまで繰り返し勉強をしなくてはいけません。解放感が先立ち、模試の終了と同時に模試のことが頭の片隅にも残っていない受験生が多いのではないでしょうか。気にしているのは、結果の学力判定だけで、後日発表される偏差値に一喜一憂する、というのが、最も駄目なパターン。これでは、模試を活用しているとはとてもいえません。過去の入試問題の勉強法と一緒で、模試も終わったあとが勝負なのです。

答えられなかった問題や自信のなかった問題を放置しては、模試を受けた意義が薄れてしまいますし、いつまでたっても実力は伸びません。

"鉄は熱いうちに打て"のことわざがあるように、間違えた問題は、その日のうちに完全に理解できるまで復習する。そのことが、ミスを生かして、得意問題に転換できるきっかけになるのです。

模試は毎年の出題傾向を踏まえ、洗練された典型的な良い出題になっていますので、過去の例でも模試に似た出題が入試で出ることも多く、また、模擬試験の解説は、とてもわかりやすく書かれています。

この解説をファイルして利用しない手はありません。折に触れて間違った問題をチェックするようにすれば、得意な問題がどんどん増えていきます。

模試の反省は、類似問題を克服する必勝法といえ、模試ほど確実な弱点補強法はありません。

十月——この時期志望校の変更は禁物

秋が深まりゆくこの時期、受験生にも変化が見られます。大きく二つのタイプに分けられます。一つは、努力の成果が偏差値などに表れてきたことで、ますます意欲に燃える受験生。もう一方は、模擬試験の結果が芳しくなく、自信喪失状態に陥って、やる気をなくし、勉強が手につかなくなっている受験生です。

意欲に燃える受験生は、より志望校合格に近づいており、心配はいりませんが、問題は、自信喪失に陥った受験生です。努力をしてきたと自負があるのに、模試の合否判定がDやE。やる気も失せるのは無理からぬこと。私にも同じような体験があります。と言って、同情してみても、受験対策の手助けにはなりません。

受験との戦いには、落ち込んでいる暇などありません。進むべき道はただ一つ、自分に喝を入れ直して、死に物狂いで頑張るだけ。プレッシャーを克服して大記録を達成した大リーグのイチロー選手を見習ってほしい。大記録へ挑戦する姿を手に汗して見守ったが、受験生の中にも、わが身と重ね合わせて、自分を奮い立たせた人が多いと思う。

「受験の胸突き八丁の時期」と言われる十月、十一月をうまく乗り切る方法は、もう一度、己に喝を入れ、挑戦心を喚起するしかないのです。

この時期、受験生からの相談が多い悩みの一つは、志望校の変更をすべきか否かの問題。結論は、一貫して言っていますが、絶対に禁物です。

この問題は非常に重要なことなので、この本でも何度か書いてきましたが、志望校のランクを下げたところで、いい結果（合格）は生まれていません。

Aランク とBランク。誰もがAは難しいが、Bの方が楽だろうと考えます。実は、この心理が落とし穴で、志望校を下げた途端、努力の情熱も下がります。その結果、努力を続ければA校に合格できただろうと思われるのに、安全弁のはずだったBに不合格という悲劇を何度か見てきました。

この時期、やるべきことは、入試までの四カ月余りで、いかに得点力を上げるかに尽きます。「あと四カ月で、合格ラインまで持っていくのは逆立ちをしても無理だ」との声も聞こえそうですが、私の指導した生徒のなかには、秋からの猛勉強で模試D判定から合格を勝ち取った受験生が何人もいます。

時間を有効に使いスピードと集中力を

入試本番まであと四カ月余り。「四カ月しかない」「まだ四カ月ある」。とらえ方ひとつで、受験勉強に取り組む意欲も大きく異なってきます。もちろん、「まだ」と明るいチャレンジ精神で、より一層勉強に励むべきですが、私は一歩進めて、「四カ月は、十二カ月あることだよ」と、受験生を励ましています。

どういうこと？　首を傾げている人も多いと思いますが、計算式はすこぶる明快です。

今までよりも勉強量を一・五倍、スピードと集中力を二倍に増やせば、四×一・五×二＝十二。つまり十二カ月分の勉強量が生まれる計算が成り立つわけです。

数字上のマジックでもありません。

「時間が足りない」と嘆いている受験生の話を聞いてみると、勉強に割り当てた時間を友達との雑談に一時間も二時間も費やしていたりするものです。その無駄な時間を勉強に充てれば、成績は必ず良くなります。

私は常日頃、「受験勉強とは寡黙の修行である」「蚕が黙って桑を食むごとく、問題集の問題を黙々と解く」。それが受験勉強の王道であると言っておりますが、受験生はすべからく孤独でなければなりません。無駄な雑談で貴重なエネルギーと時間をつぶすのは以ての外。

一日は二十四時間ですが、工夫次第で、有効な時間はいくらでも生み出せます。食事や入浴の時間を短くする、学校の行き帰りは英単語を覚えながら歩く、通学時も寄り道せず急ぎ足で歩く…。極端に睡眠時間を犠牲にしなくとも、一・五倍分の勉強時間を生み出すことは、さほど難しい問題ではありません。

次に勉強のスピードと集中力を二倍にする方法ですが、タイマーを利用すると、簡単にスピードと集中力を高めることができます。

想像するに、多くの受験生は、長文読解や数学の問題を解くにしても、時間の観念を持たず、漠然と解いていたのでは。それを「この問題は二十分以内で解く」といった具合に、本番に即した時間制限を設けた勉強法に変える。それだけで、目標とする二倍以上のスピード力と集中力のアップにつながります。

このように勉強を三倍充実させれば、まだ十二カ月分の勉強時間の確保が可能となります。模擬試験の判定が悪くとも、十分挽回の時間は残っています。

通学車内は「動く勉強部屋」、上手に活用

「少年老いやすく学成り難し、一寸の光陰軽んずべからず」。中国の儒学者・朱

子の言葉ですが、受験生は入試本番の日まで、寸暇を惜しんで勉学に勤しまなければなりません。

時間をいかに勉強時間に振り向けるかが成功の極意であることは前にも書きましたが、とりわけ、通学時間は貴重な勉強時間だといえます。十月のこの時期になると、それを最大限に活用しないことには合格は望めません。通学に利用している電車、バスを「動く勉強部屋」と心得てほしい。

往復に、二時間ぐらい費やしているのは珍しくありませんし、それ以上の人もいるはずです。この時間を無為に過ごす手はありません。ラッシュ時の車内で教科書や問題集を広げるのは無理なうえ集中もできませんが、教科書を開かずとも、勉強方法はあります。

ラッシュ時の「動く勉強部屋」の活用法は、暗記科目を中心にすることです。手元のＭＤやＣＤ、テープレコーダー、ＩＣレコーダーなどに録音した前日に勉強したことや暗記ものを聞けば、暗記・復習ができます。

騒々しい車内では集中が難しいと思いがちですが、私の体験では、むしろ「雑踏の中の孤独」を感じられる車内の方が、集中力が高まるはずです。

能楽師の例ですが、自宅の練習よりは、移動中の電車、飛行機などで覚えた方が、謡の暗記ははるかにはかどると言います。家では、どうしてもテンションが下がるそうです。若いころは私も、電車の中やプラットホームでよく勉強した記憶があります。そのとき、夢中になって学んだ四書五経をはじめとする中国古典は、今でもそらんじることができるほどです。

暗記科目の復習中心の勉強とはいえ、必要な単語集や例文集、年号や歴史事項の暗唱ガイドなどは、常にバッグに入れて持ち歩く習慣をつけておくべきです。分厚くて携帯に不便な本なら、自分で分冊したり、問題集や参考書などは二冊買って、一冊はハサミで切って覚えやすい形に工夫するなど、移動勉強空間の教材を自分で作るのも一考でしょう。

通学時の勉強時間は、乗り換えなどで中断され、細切れになるかも知れませんが、塵も積もれば…です。合計すれば、膨大な勉強時間の創造に等しく、学習量も大変なものです。さっそく実践を——。

本番に備え夜型勉強から朝型に切替え

受験勉強は一年間に及ぶ長期戦。残された時間は、入試本番まで三カ月余り。正念場を迎え、今ひとつ、受験勉強に気持ちが乗らず、集中力が高まらない自分にいらだっている受験生もいることでしょう。そんな人に必要なのが、気持ちの切り替えや環境の変化。グズグズしていると、一週間や二週間はアッという間で、寸暇を惜しまなければならない時間を無駄にしかねません。

私が勧める対応策は、夜型勉強から朝型への切り替えです。

受験勉強は「夜」との考え方が定着していますが、まず、その固定観念を捨てることです。

確かに、私が受験生だった頃も深夜の二時、三時まで勉強しなければ合格できない——と、叱咤激励を受けた記憶があります。何よりも夜遅くまで机に向かっているだけで、「勉強した」という充実感が味わえます。受験生に限らず、効率的な勉強といえば、先人の言い伝えを信じ？　誰もが当たり前のように、夜に勉強をしているのだと思います。

しかし、冷静に考えれば、深夜の勉強は、効率的とは言い難い。肉体的にも精神的にも疲労が蓄積した状態で、眠気と闘いながら参考書や問題集に向かっても、記憶力や理解度が高まるはずはありません。

その点、早朝の勉強は非常に効率的です。ある研究者の報告によれば、朝一時間は夜三時間の勉強に相当するとの説もあるほどです。疲れた頭で夜に勉強するよりは、さわやかな気分でやる朝の方が、集中力が三倍高まるというわけです。

加えて、早朝は生活騒音も少なく、友達からの電話で、集中力を中断させられることもない、といった利点も多い。また、例外なく開始時間が朝である入試を考えれば、夜型が得か、朝型が得かは、言うまでもないでしょう。

ペースダウンに悩んでいる受験生には、夜型中心を改め、早朝勉強法を取り入れることを強く勧めたい。そのような受験生に限らず、計画通りに進んでいる受験生であっても、そろそろ本番を見据えて、体内リズムを入試で最大限の力を発揮する意味からも朝型勉強法に切り替えるべきです。「早起きは三文の得」のことわざ以上の成果を実感するはずです。

ただちに、早朝勉強を実践し、多くの夜型勉強法のライバルに、三倍の差をつけましょう。

ノルマを課し自分を甘やかさない

受験勉強で最も大切なのは、毎日コンスタントに勉強を続けること。

英語は、その典型的な科目といえますが、数学、物理、日本史や世界史にしても、継続した勉強をしていかないことには、本当の実力はつけられません。受験勉強においても「継続は力なり」です。

とかく受験生は「体調が悪い」「気分が乗らない」などと、自分を納得させる理由を見つけては勉強を中断しようとしますが、難関校に限らず、その日の気分次第という勉強で、突破できるほど入試は甘くありません。

気を緩めずに、乗り切るにはどうするか。対処法の一番は、ノルマを課すこと。「ノルマを決めて勉強している」という場合は、課し方を見直す必要もあります。具体的な課し方は、頭の中で、漠然と目安を決めるのではなく、その日に勉強する内容を一つひとつ細かく書き出す。メモにするのと、しないのとでは大違いです。メモを残せば、進行状況の自己管理がきちっとでき、追い込み時期を迎えたこの時期に、何をどう勉強すべきか、明確になります。

自分を甘やかさないもう一点は、入試本番の日まで、逃げ口実になる「例外日」を絶対につくらず突っ走る。これも忘れてはならない大切なことです。

友人との欠かせない付き合い、見逃したくない映画鑑賞…。「きょう一日ぐらい」の誘惑心を断ち切って、自分との勝負となるこれからの数カ月間は、一心不乱に勉強する覚悟が必要で、合格するまでは正月休みもありません。

万一、法事などがある場合も、勉強優先を貫く。受験生なら、失礼にならないことは、周りの方々も理解してくれます。

勉強漬けの日々にストレスを感じた場合は、脳の働きが勉強に近い、読書を机に向かってすることを勧めます。気分転換はするが、机に長時間向かう学習習慣と活字を読解する脳の働きは絶やさないことです。

映画やテレビなどのビジュアル系の観賞は、全く活字読解とは違う脳の働きなので、気分転換はできても、再度、テンションの高い集中学習に脳を切り替え難く、結果、勉強はズルズル後延ばしになる危険性が高く、厳禁と言っておきます。気分転換という言葉にだまされず、最低でも、活字読解は心掛けてください。

志望校選択の「赤本」勉強、ここに留意

十一月。追い込み時期に入ったこの時期、志望校を絞り込まなければなりません。漠然と○○大学、△△大学と候補を考えていた人も、きちんと心を整理し、具体的に受験校を決める段階を迎えています。大学を選択する際の大きな判断材料の一つに、赤本（過去の出題集）があります。

受験生は赤本の出題を選択基準にし、「この大学なら大丈夫かな」「ここはちょ

っと厳しい」と実力と比べながら、志望校を絞り込むわけですが、頁をパラパラめくっただけで、合格圏か否かを判断する受験生が少なくありません。こうした決め方は、単なる早合点で、乱暴すぎます。試験問題に例えれば、設問を見て「解けそうだ」と感じるのと、時間内に正解を導き出せるかは、まったく別問題だからです。

赤本を志望校絞り込みの判断材料にするときは、入試本番と同じ条件を課して、問題と取り組むことが必要です。その上で、答え合わせした結果、科目ごとに七割くらい正解しているか。そこまでチェックしないと、赤本を参考にしても意味がありません。

さらにいえば、その年の設問が、たまたま自分の得意な分野だったという場合もありますから、最低でも過去三年分の問題を解いて、その平均値を見る必要があります。自分の実力が合格圏に入っていると判断できれば、いわゆる〝すべり止め校〟として押さえ、さらに上のレベルを目指して努力を継続していくべきです。結論を言えば、志望校の最終決定は、一通りの受験勉強を終え、自分なりに実力が固まった十二月か一月初旬になります。赤本を選択基準に、絞り込んだ志望校は、いわば〝目安〟程度にとらえればよいでしょう。

これまでの例でも、多くの受験生は、冬休みなどに集中する模擬試験や直前の模試で得た偏差値をみて、最終の志望校を決めています。合格実績を見ても、直前の模試偏差値に見合った大学に合格しているのが、通例です。この時期は、志望校確定に神経質になる必要はありません。

赤本は、入試直前三カ月の追い込み時期を迎えた勉強法として、大多数の受験生が徹底して行います。赤本に取り組む注意点は、常に本番を意識することです。時間の配分などを身に付けるのも重要な勉強法で、時間を計って設定時間内に、解く訓練が肝心です。

記述式増えている大学、苦手意識克服を

赤本（大学別の入試出題集）が、志望校の選定材料になる、利用する注意点と

して「頁を繰って、軽く設問に目を通した程度で、合格圏か否かを即断するのは軽率」と戒めました。ここでは、赤本で陥り易い〝早合点〟をもう一点、指摘しておきます。

それは、設問形態を判断基準に置いた受験校の取捨選択です。典型的なケースが、出題に記述式や難しい漢字の頻度が高い出題校を簡単に回避する受験生です。

今の受験生は、押しなべて記述に苦手意識が強く、受験指導の中でも、記述式の出題校を避けたがる受験生が目につく。中には、有力な志望校だったにもかかわらず、赤本を見たら記述式の設問が多かったとの理由だけで、簡単に「難しそうなのでパス」と志望校から除外してしまう極端な例もある。

同じように、古文や現代文の出題形態でも、漢字が多く、難しそうな文章の設問には、見た目で「駄目だ」と回避反応を示す受験生が少なくない。

いずれも、最近の出題傾向を分析すれば、最もハンディを抱えた受験生といえます。

具体例をあげると、選択式の出題が中心とされてきた私立大学でも、近年は、立教大学や成城大学のように、記述式の試験を課す大学が増えている。また、漢字で言えば、明治大学の法学部では、北村透谷とか福沢諭吉など、明治時代の堅苦しい漢文調の文章。早稲田大学の法学部などでも、難しい文章、硬い文章の出題が多いことで有名です。

とくに、「源氏物語」は、古文の定番みたいなもの。国公立・私立を問わず、二十年以上も古文の出題率第一位で、偏差値最上位の東大、早大、慶大に限らず、偏差値の低い大学でも、源氏物語は必ず出題されている。しかも、設問方法は異なっているが、出題されているのは同じ文章です。

記述式か、選択式か。難しい漢字が多いか否かは、出題の難易度とはまったく別次元の問題。安易に、赤本の出題形態に左右された志望校の選択をすることの危険性を理解していただけたか、と思います。

受験は、苦手克服との戦いでもあることを肝に銘じて、目標(受験校)をしっかりと絞り込んでほしい。記述式などは、他の受験生に苦手意識がある分、克服すれば、差がつけられます。

学力伸びるこの時期、上位校に挑戦を!!

高校の受験指導を見てますと、大半の学校が、十月から十一月にかけて、生徒との面談、親を交えた三者面談などを通じ、受験校の絞り込みを指導しています。その際、全国模擬試験の結果（偏差値）を基に、志望校選定が行われていますが、ここに大きな〝落とし穴〟が潜んでいます。

全国模試があったのは九月前半。言い換えれば、最新の偏差値と言っても、入試本番より五カ月も前の実力といえます。長年、受験に携わってきた経験で言えば、この時期の偏差値は、本来の実力を反映したものではありません。とくに現役生は、本物とは言い難い。落とし穴とは、学校がその点を見逃してはいないかという指摘です。

受験生が実力を開花させるのは、圧倒的に模試後から入試までの三カ月。例年、この時期に、総合力を急上昇させる受験生が意外に多い。とくに現役生の場合、学校での学習が全範囲を網羅して一通り終わる秋口から、入試勉強に本腰が入るので、その傾向は顕著に現れます。

ところが、高校が採用している全国模試の偏差値を基にはじき出された合否評価（A―Eの五段階）を重視した志望校選択では、〝この伸びる可能性分〟は一切、加味されていません。

言うならば、現役生は、発展途上の実力（偏差値）を基に、受験校の選定をさせられているわけです。また、高校によっては、「現役合格」の実績を重んじる余り、可能性に賭ける冒険は避け、ランクを下げた安全第一の選定を生徒に強いる場合も見受けられます。

現役生に「学校の言いなりに、大学を受験するな」とは、言いませんが、可能性を信じて、先生が勧める大学にプラスして、もう一つ上のレベルにも挑戦するのも、悔いを残さない受験法の一つとアドバイスしたい。挑戦心を持つことは、残された三カ月で、本当の実力を伸ばす原動力になるからです。

一方、浪人生にとっても、無縁な話ではありません。実力が未知数の現役生を相手に、全国模試を照準にしてきた浪人生が、偏差値が高いのは当然の理。仮に、Ａ（ほぼ合格）やＢ（もう少しで合格）の評価に安心し、モチベーションを下げると、取り返しのつかない事態も。

マラソン同様に、受験も勝負の分かれ目は、苦しいゴール直前の競り合いです。

センター試験対策

時間配分とケアレスミスに注意

いよいよ、センター試験が近づいてきました。センター試験の特徴を述べながら、幾つかの試験対策のポイントを書きます。

まず、センター試験の難易度ですが、全受験者の平均得点率が例年六〇%前後ですから、問題はさほど難しくはない、といえます。

それなのに、思うように得点できず、自他共に「絶対大丈夫!」と目されていた受験生が失敗するケースが例年、見受けられます。東京大学など、トップクラスの大学を目指す場合、センター試験では九〇%以上の得点が必要とされていますが、日ごろの実力は十分あるのに、肝心の試験では九〇%に届かないケースが結構あるのです。理由は簡単、試験時間の配分ミスです。

センター試験の特徴は第一に解答時間が極めて短いこと。試験の時間配分は数学ⅠA、同ⅡBと社会、理科は六十分。英語と国語は八十分です。時間の短さを数学を例に説明すると、東大の二次試験の数学は百五十分なので、大きな設問が五題、一題当たり三十分となります。ところが、センター試験の場合、同じようた四題に対し、試験時間は六十分。単純計算で、一題に要する時間は東大二次の半分、十五分しかありません。

このことからも、センター試験は、じっくり考えるタイプの試験ではなく、換言すれば、問題を読んだら手際よく、答えを導き出す即答力や計算ミスなど何か問題が生じたときの処理能力が問われる試験といえます。

のんびり構えていたり、計算ミスの処理で手間取っていると、全問解く前に時間切れという事態になりかねません。そこがセンター試験の怖いところ。模擬試験で偏差値七〇を超える受験生が、小さなミスの処理に時間を費やし、失敗するケースがよくあるのも、本番の東大入試を意識した時間配分に慣れてしまったケアレスミスによります。

センター試験は、全受験生の平均得点が六〇%前後と考えれば実力のある受験生は、「時間の管理が下手」「処理能力が弱い」との弱点はあっても、常識的には、確実に七五%の点は取れます。しかし、時間管理などに問題のある人を七五%超に引き上げるのは、本当に難しいのです。

センター試験の注意点は、時間配分と計算ミス。得点九〇%以上の大学志望者は特に重要です。

制限時間内で解く訓練を

前に書いたように、センター試験は時間との勝負といっても過言ではありません。模試の感覚で臨むと、時間が足りず実力の半分も発揮できなかったという事態になります。その対策は、制限時間を厳守する訓練を徹底して行い、時間の感覚を体で覚えることに尽きます。

具体的な方法は、第三者に時間を管理してもらい、制限時間内で解答を終える訓練が一番です。家族などに、本番同様「始め」「終わり」の合図をしてもらい、本人は設問に集中する。

この訓練は、難関と称されている全国の進学高校、有名受験校ならば、どこでも実践していることです。その結果が、高い合格実績を誇っているわけですが、逆な言い方をすれば、時間の訓練をせずにセンター試験に臨むと、失敗する確率は非常に高くなります。

たしかに、タイマーなどを使い、自分で時間管理はできますが、「あと少しで、書き終える」といった状況の場合、時間管理に甘くなり、本番に即した訓練になりません。時間オーバーで正解しても、本番では通用しないのです。訓練は厳格なほど効果が上がるわけですから、追い込みを迎えた直前の段階では学校や予備校の先生、あるいは親や兄弟に計時の協力を得て、集中的に時間の感覚を身に付けることを勧めます。

制限時間の中には、計算ミスのチェックなど答案を見直す時間も含まなければいけません。そのためには、解答ミス、計算ミスをしたときの処理能力も高めておくことは言うまでもありませんが、訓練する際は、配点と時間配分をよく考え、制限時間を十分短く設定し、この十分間でケアレスミスを確認する訓練をしてほしい。このことは、特に重要です。

英語の出題傾向を例に説明しますと、大きな設問が六問あって、最後の六問目に驚くほど長文の出題が多い。この長文の配点は二〇〇点満点中の四二点か四三点ですから、重要度の高い問題です。それに対して五問目までの文法など語法を問う問題の配点は一つ二点ぐらいしかありません。配点が二点ほどの問題で時間を費やしてしまうミスを避けないと、時間不足で長文の四〇点をみすみす失ってしまう結果に。

ちなみに、英語の配点は事前に知ることができるので、その情報はきちっと収集しておく必要があります。

出題傾向を分析し得点アップはかろう

大学入試の第一関門であるセンター試験の大きな特徴は、例年、類似した問題が出題されることです。ここ数年はその傾向が顕著に現れています。従って、十年分の過去問題を徹底的にこなすことが、得点力を上げる大きなポイントになります。再三、述べてきましたが、併せて出題を制限時間内で解く訓練にも力を注ぐことが肝心です。

センター試験対策は、正に直前の追い込み。そこで、今回は得点アップの効果に結び付く、出題傾向分析と対策を科目別にアドバイスします。

数学・Bでは、複素数平面と整関数の微分・積分、この両分野の問題は必ず出ます。大変よく練られた問題で、解くのに苦労すると思いますが、毎年よく似た問題なので、きっちり練習しておけば、出題傾向や対応の仕方もわかるはずです。

英語では、基礎文法が必ず出題されますので、不定詞、動名詞といった文法の一番基礎になる部分は、しっかり復習しておかねばなりません。それと、英作文の代わりに「並び替え」の出題もあります。幾つかの英単語を並べ替えて、英文をつくる問題です。普段の勉強では、練習が面倒なので、後回しにしたまま本番に突入する受験生が少なくありませんが、実は、配点が大きく、センター試験では、この問題で差がつくケースが多い。

私が経営する予備校を例に言いますと、浪人生はその訓練ができますが、現役生は授業との時間的な制約もあって、練習不足は否めません。センター試験で志望校受験に必要な点を得るためには、おろそかにできない部分なので、現役生は特に力を付けていただきたい。

物理は、勉強の蓄積が必要で、即効性を期待できる科目ではありませんが、自然現象と物理学の組み合わせなど、軽い知識問題が出ることがあるので、教科書の「日常生活と物理学のかかわり合い」についての記述やコラムをしっかり読んでおく必要があります。

生物や化学、世界史、日本史などの暗記科目は、一週間前でも集中的にやれば点数を伸ばすことができます。特に国語の漢文は短期間の勉強でも即効性がありますので、受験に理系の上位校を狙っている人は集中的にやってみるべきです。

センター試験まで、三週間余りの時期は、年末年始の雑音に惑わされることなく、神経を張り詰めておくことが肝要なのです。

初日失敗してもチャンスは十分ある

一月。受験生は無論のこと、家族にとっても、正月気分とは、いかないことでしょう。本番、第一弾となるセンター試験も迫ってます。この期に及んで、受験テクニックを助言しても混乱させるだけなので、センター試験に臨む心構えを書きます。

センター試験の問題と解答は、翌日の朝刊でどの新聞にも掲載されます。多くの受験生が、新聞を基に、解答チェックを行い、一喜一憂する姿を目にしますが、時に、思わぬ結果を招く場合もありますので、家族の方も注意してあげてください。

具体例を挙げますと、二日目の受験を前に、初日の試験が目標の得点ラインに達しなかったことを知り、戦意喪失に陥る受験生を毎年、少なからず見受けます。落ち込む程度ならば、「がんばれ！」と励ませますが、二日目の試験を放棄してしまう受験生もおり、受験指導者の一人として、心配しないわけにはいきません。

「終わった試験を悔やんでも意味がない。残された試験に集中しなさい」。そんな激励の言葉も、「今更、気にするなといわれても…」の心境の受験生にすれば、無意味な励ましに聞こえるのでしょうか。ガックリと肩を落とした受験生の姿を試験会場のあちこちで目にします。

そこで、センター試験を前に、重要なアドバイスを一つ。それは、初日の試験が芳しくなかった場合に、「視点を変える余裕を持つ」ことです。

新聞に掲載されるのは、あくまでも模範解答。他の受験生も高得点だったとは限りません。難易度によっては、平均点も異なるし、何よりも試験というものは、すべてが終わってみないと、本当の結果は誰にも判別が付けられないのです。

そのことを考えずに、短絡的な思考で、以後の試験にやる気を無くす、試験を放棄するとの選択は、どう考えても感心できません。付け加えれば、センター試験はあくまでも〝一次試験〟。本番の入試で言えば、東京大学を例にすると、センター試験の結果と二次試験の結果はおおよそ一対四の割合で評価されるので、センター試験が終わった時点では、まだ一コーナーを回ったばかり。

試験は二次試験と一体のもの。チャンスは十分に残されています。気を緩めず、乗りきることで、可能性は膨らみます。

体調管理

メリハリある生活、ストレス解消に運動

センター試験を無事に乗り切る、あとは、文字通り最後の本番に臨むだけです。この時期、注意したいのは、健康管理。本番に万全の体調で臨めるか、も大きな勝負の分かれ目になります。悔いを残させないためにも家族の方は、受験生の体調管理には十分な心配りをお願いしたい。

入試直前になると、不安や焦りなど、原因はさまざまですが、予備校でも不眠、食欲不振、あるいは頭痛、目まいといった症状を訴える受験生が少なくありません。

これらの症状を引きずっていては、受験勉強にも、入試にもマイナスの影響を与えることは言うまでもありません。心のストレスが起因している場合は、家族の力が払拭の大きな力となります。

とはいえ、「合格」という大きな目標を掲げているかぎり、受験生のストレスを完全に解消することは基本的に不可能なわけで、生活にメリハリをつけるなど、上手に軽減することが一番でしょう。

寸暇を惜しむこの時期は、受験勉強も長時間、なかには深夜二時、三時まで及ぶ場合もあります。受験生への忠告は、机にダラダラと長時間向かっていても、あまり効果は期待できません。緊張感と弛緩のスイッチを上手に切り替え、メリハリある勉強をしなければなりません。

頭休めにお勧めは、新聞や雑誌。活字を読むことは、知力の集中にプラスになりますし、受験科目への切り替えもスムーズにできます。気が乗ってくれば、不得意科目にまで手が伸びます。

どうしても、勉強が手につかないときには、勉強とは逆の腕立て伏せや縄跳びなどの筋力トレーニングをするのも一考です。運動することが、根を詰めた勉強のストレスを発散し、精神力と体力を増し、再び机に向かう気力や集中力を奮い立たせるという説もあるほどです。

生理学的な話をしますと、ストレスは勉強しているときの姿勢や環境にも左右されます。悪い姿勢や薄暗い照明下の勉強は、体や心に与えるストレスが増大します。環境の見直しも必要です。

最後に家族の方に一言。とかく「頑張れ」とか「大丈夫なの？」と声をかけたくなりますが、そのひと言がストレス増大の原因になっていることに気づいてください。

散歩の効用

勉強疲れ癒やし大脳の活性化を

私学志望者の中には、すべての入試が終了した受験生も居るでしょうが、大学入試は、二月が本番です。合格通知を受け取るまで、家族を含め気の抜けない日々がもうしばらく続きます。受験生にとっては、最後まで集中力を持続させなければなりません。

しかし、緊張感を持ち続けることは、ストレスも強まります。そのようなときに勧めたいのが、軽い散歩です。勉強に集中しなければ、と気は焦るのに、ボーッとしてしまうことは、誰もが体験しています。気分転換の一日二十—三十分の散歩は、心のリフレッシュが図れると同時に、大脳の疲労回復効果が高いといわれます。

大脳は、受験勉強など非常に密度の濃い知的活動をつかさどるところで、その働きが悪くなると、いくら時間をかけて勉強しても、学習の成果は期待できないそうです。

生理学的に、大脳を活性化させるには、十分な酸素と糖分が不可欠。酸素と糖分は、肺と肝臓からそれぞれ大脳に運ばれるわけですが、運び役は血液です。ですから、血液の循環をよくすれば、大脳は活発に働くという図式になるわけで、新鮮な空気を肺に取り入れ、身体を動かすことで、血液の巡りも良くなる散歩が最適なのです。

散歩が効果的なのは、あくまでも長時間の勉強に疲れた人。短時間しか勉強していない人は、散歩をすると、エネルギーが余っているため、活発に体を動かしたくなり、机に向かいづらくなりますので、くれぐれもご用心を。

そのような場合は、散歩ではなく、前頭葉に血液を送り、知的集中を促す〝知性の散歩〟につながる読書を推奨します。小説などではなく、なるべく評論文を読めば、受験勉強との一石二鳥の効果が期待できるでしょう。

散歩の効能は、文豪、ゲーテも散歩をこよなく愛し、歴史に残る大作を次々と仕上げたと言い伝えられています。長時間の勉強で、集中力の低下を感じたら、三十分ほどの散歩を挟み、最後の戦いに、もうひと踏ん張りがんばってください。

ダイエットを気にするあまり、糖分摂取を控える女子受験生がいますが、糖分は大脳の栄養源。まずは、合格が第一と考えて、ご飯やパンなどの主食は三食必ず取る。とくに受験当日も朝食は、試験中の粘り強い集中を持続するための鉄則です。

新受験生へ

「努力の継続」こそ難関校合格への道

入試本番を迎えると、受験勉強の方法をうんぬんする段階は過ぎました。受験生の皆さんには、持てる力をフルに発揮し、合格の吉報を勝ち取ってくださいと祈るのみです。

受験生と保護者へのアドバイスの締めくくりも兼ねて、ここでは、受験とは何か、受験勉強はどのように進めるべきなのか、ということを書いてみたいと思います。

国内で、大学の最高峰といえば東大、京大、私立では早稲田、慶応、上智などの名前が挙げられます。では、このクラスの大学に合格するには、どのようなことが必要なのでしょうか。多くは、「頭の良さ」と答えることでしょう。

常識的には、頭脳のいい人は、難関校に合格しやすいといえますが、私が考える入試突破に絶対に欠かせない条件は、「頭の良さ」よりも「努力の継続」なのです。地道な努力こそが一番大事なのであって、それができない人は、頭がよくても大学入試を突破できる保障などありません。逆説になりますが、平均的な成績で、「努力の継続」ができれば、東大、京大とて合格の可能性を高くできます。「努力の大切さはわかるけど、頑張れば誰でもトップ校に合格できるなんて、とても信じられない…」。たぶん、そんな反論もあるでしょう。しかし、そういう人はきっと「努力の継続」を体験したことがない人であるはずです。私は「努力に勝る天才はなし」という言葉の意味を、もっと重く受け止めるべきではないかと考えます。

頭が良い、悪いだけが合否の判断基準になるならば、頭がよくないと思っている受験生は、頑張ろうという気力さえ起きなくなってしまうのでは…。第一、本当に頭のいい人は、どれほどいるのでしょうか。世の中には、外国語の辞書を丸暗記してしまった南方熊楠や、大蔵経典をそらんじたといわれる、折口信夫のような人は存在しました。しかし、彼らは何百万、何千万人に一人という例外的な大天才です。東大をはじめとする難関校合格者のすべてが、彼らのような頭脳の持ち主で有り得ません。多くは、受験勉強に努力した結果、合格できたのだと思います。

大学受験を目指す人は、「難関校合格者＝頭のよい人」「勉強ができる＝頭のいい人」という意識を改めることが先決です。

勉強意欲もつには偉人伝を読むことも

難関校に合格する人、勉強のできる人は、努力を継続した人。このことは、時代や社会情勢が変わろうと、絶対に変わることのない〝真理〟なのですが、問題は、どうすれば努力を継続できるかということです。

私は長年受験指導に取り組んできましたが、昔に比べて、最近はやる気に欠ける受験生が目立って増えてきました。昔の受験生は、「もっとしっかりやらなければ」などと厳しく指導すると、何苦楚《なにくそ》とばかりに立ち向かってきたものです。

ところが最近は、ちょっと厳しく注意すると授業に出てこない、あるいは与えた課題をやってこずに、平然と授業に出てくる生徒が増えているのが実情です。

なかには「大学は行きたいけれど、勉強で苦しむのは嫌だ。楽に入れる方法を教えてほしい」と公言してはばからない受験生もいます。たとえ、成績は良くなくとも、努力し、勉強すれば一年後にはトップクラスの難関校に合格する可能性を秘めているのですが、受験の前提条件になる努力を嫌がっているようでは、中堅クラスの大学も難しくなります。

やる気のない受験生が増えてきた理由はいろいろと考えられますが、最大の理由は、目的意識の低下です。何のために大学進学するのか、がはっきりしていないのです。別の見方をすれば、人生を考える力が衰えてきているともいえます。予備校などにとって、これら受験生の勉強意欲をどう駆り立てるか、難しい課題になってます。

それは、家庭においても例外ではないでしょう。一つの解決策は、勉強の意欲がない子には、春休みの間に、小中学校のときに読んだ偉人伝や政界、財界、芸術界などで、トップリーダーとなった人たちの評伝を読ませることです。偉人やリーダーとなった人の足跡をたどることで、将来の自分を見出す場合が多々あるからです。

評伝などから刺激を受けることで、将来は法律関係の仕事に就きたい、医療関係に進みたい、エンジニアになりたいといった漠然とした夢が膨らみ、勉強の意欲が湧いてくるものです。

抱いた夢を実現させるために、情報を収集し、その結果、志望すべき大学も明確になり、勉学の意欲も高まり、成績が芳しくないのは努力が足りなかっただけと悟るはずです。

勉強も登山に似て進むべき道を的確に

大学受験に成功する極意は、常に士気を高く保ち、受験対策への努力を継続していくこと。そのことに尽きます。とは言うものの、やみくもに勉強していても、合格できないのが受験の怖いところです。自己流、無手勝流で挑戦していたのでは難関校の合格は望めません。大学受験が登山に例えられるゆえんは、そこにあります。

山登りでは、装備をきちんと整えて、正しいルートを進めば安全に山頂に到達できます。反対に、装備をおろそかにし、正規のルートを無視すれば、遭難の危険性も高くなるのは、自明の理でしょう。受験も同じことが言えます。

受験勉強にも、登山ルートに似た定石が存在します。定石に沿って勉強することが、一番安全で確実な合格への道となるわけで、その定石を正しく教えてくれるのが学校です。言い換えれば、クラス担任は受験の道案内人。不明なことは、遠慮なく相談し、進むべきルート（進路）を的確に決めるよう心がけたい、ものです。

プロ（先生）に道案内を頼んだときは、そのアドバイスには素直に従うこと。仮に、自分のやり方とは違う場合も、とりあえずは、先生のアドバイスどおりにやってみることです。それで効果が得られないときは、軌道修正すればよいのです。最初から、聞く耳も持たずの自己流を貫くのは感心できません。

「素直な子は伸びる」とは、学校、予備校、塾を問わず受験指導に携わっている人が共通して言うセリフです。この言葉を肝に銘じ、先生の指導は素直に受け入れてほしい。そうでないと、受験勉強に確信が持てず、没入力や集中力は鈍り、合格が遠ざかるだけと心得るべきです。

学校が進学校でない場合や受験指導に関して、先生に信頼が置けないのであれば、塾や予備校に通って、比較してみるのも一つの選択肢でしょう。塾や予備校の講師は、受験指導のプロなので、最も効果的な勉強法や受験情報を持ち合わせているはずです。

塾や予備校の選択については、個々の能力、性格などを配慮する必要があります。自主的に勉強できる自信や過去の実績がある人ならば、大教室で授業を行う大手の予備校は、競争相手も多く、自分の実力を測れるし、少人数の予備校や塾は、きめ細かな個人指導を受けられる利点があります。

半田晴久プロフィール

兵庫県西宮市出身。中国国立精華大学美術学院美術学学科博士課程修了。文学博士（Ph.D）。中国国立浙江大学大学院中文学部博士課程修了。文学博士（Ph.D）。豪州西オーストラリア州立エディスコーエン大学芸術学部（アカデミー・オブ・パフォーミングアーツ）大学院修了。創造芸術学修士（MA）。同志社大学経済学部卒。武蔵野音楽大学特修科（マスタークラス）声楽専攻卒。２つの学術博士号に加え、ジュリアード音楽院を始め、米国、英国、豪州で６つの名誉博士号、オックスフォード大学など、２つのHonorary Fellowを授与される。この事から、国際社会ではドクター・ハンダと呼ばれている。

世界開発協力機構（WSD）総裁。国際スポーツ振興協会（ISPS）会長。カンボジア政府顧問（上級大臣）、ならびに首相顧問。在福岡カンボジア王国名誉領事。カンボジア大学総長、教授（国際政治）。東南アジアテレビ局解説委員長。中国では一級美術師、一級声楽家、二級京劇俳優。日本では、宝生流能楽師など。シドニーオペラハウス専属オペラ・オーストラリア名誉総裁、及びゲストアーティスト。

現代のルネッサンスマンとして、世界的にも知られている。著作は300冊を超え、ブランド時計の輸入元としても知られる。また大学受験予備校、みすず学苑学苑長として、受験生を愛し44年間学苑長を務める。

今まで誰も説かなかった
大学入試合格の秘訣！

平成16年3月31日 初版第1刷発行　　定価はカバーに記載しています。
令和4年11月20日　　第23刷発行

著　者　半田晴久
発行者　杉田百帆
発行所　株式会社　TTJ・たちばな出版
〒167-0053　東京都杉並区西荻南2-20-9　たちばな出版ビル
TEL 03-5941-2341(代)　FAX 03-5941-2348
ホームページ　https://www.tachibana-inc.co.jp
印刷・製本　萩原印刷株式会社

ISBN978-4-8133-1889-7